RADIAR

Recupera tu soberanía

Para quienes ya no creen en fórmulas

ANDREA ALVARADO

Heureka Resources

RADIAR™ — Recupera tu soberanía
Para quienes ya no creen en fórmulas
Autor: **Andrea Alvarado**

Primera edición — 2026
Publicado por Heureka Resources LLC
Florida, Estados Unidos
ISBN: 979-8-9937842-0-5
Número de control de la Biblioteca del Congreso: 2026933198
RADIAR™ es una marca en trámite de registro de Heureka Resources LLC.

Aviso legal

Prólogo: Teresa Baró
Diseño y maquetación: Heureka Resources LLC
Impreso en Estados Unidos de América.

Para Emma.

ÍNDICE

PRÓLOGO

Leer este libro puede llevarte a una vida de auténtico lujo.

Pensarás que esto es una frase publicitaria más, propia de un gurú típico que vende su curso o su libro.

Precisamente es todo lo contrario. Porque hoy en día el lujo es poder centrarse en lo esencial, tener claro el camino, pulirse uno mismo como si fueras tu propio alfarero, aprender de las experiencias, adaptarse a las circunstancias cambiantes...

Y la clave es hacerlo sin imitar a nadie, desde la autenticidad. Y sin ceder la responsabilidad a un guía que nos traza un camino ajeno. No hacen falta gurús.

RADIAR te convertirá en tu propio gurú. Tú te harás las preguntas, cuestionarás las respuestas, tomarás las decisiones, acertarás o no y te revisarás a consciencia. Listo para volver a empezar. Como dice la autora, la vida es una elección continua y deliberada. No hay un final feliz garantizado pero cada día es una nueva oportunidad para elegir la vida que quieres.

En un mundo de dispersión y superficialidad, de estrés y de apariencias ¿no es un tesoro llegar a conocerte y vivir con autonomía y coherencia?

¿No es un fin vital poder dejar este mundo con la tranquilidad de haber vivido de una forma auténtica y haber dado lo mejor en tu existencia?

Cualquiera de nosotros, en momentos de desazón, fracaso, desconcierto busca un punto donde anclar la esperanza. Y es fácil creer en soluciones mágicas que se nos publicitan con ejemplos de éxito deslumbrante. Muchos han superado una crisis vital (o quizás sólo lo parece) y explican al mundo su fórmula del éxito. Y de eso viven. Pero «¿Qué parte de ti has ignorado al intentar encajar en el modelo de otra persona?»

Sólo tú puedes encontrar tus porqués, tus paraqués y tus decisiones. RADIAR te plantea las claves, te da las herramientas. Léelo, reléelo, subraya, ten un cuaderno a mano y escribe.

Hoy en día, dedicarte tiempo, saber pensar, entender tus emociones, decidir cómo quieres vivir son la auténtica riqueza personal. Y está en tus manos.

Teresa Baró
Escritora y especialista en comunicación

INTRODUCCIÓN

Si estás leyendo estas líneas, es probable que ya hayas recorrido otros caminos: has probado métodos, has pagado cursos y has seguido instrucciones de alguien más. Y, sin embargo, aquí estás. Todavía buscando.

Es el momento justo para cuestionarte: ¿Cuánto has gastado intentando encontrar fuera lo que solo podías encontrar en tu interior?

Quiero ser clara desde el inicio: Esto no es un manual de éxito personal. No pretende completarte ni cambiarte, ni tampoco va a venderte certezas absolutas o pasos mágicos. Es, más bien, un recordatorio —firme y necesario— de que todo lo esencial ya lo tienes.

¿Has puesto en duda alguna vez si la existencia que defiendes es tuya o si responde a lo que otros esperan de ti?

Aunque la pregunta parezca sencilla, la respuesta no lo es. El tiempo es una cuenta con saldo limitado y sin posibilidad de recarga; nadie sabe a ciencia cierta su «disponible», pero todos consumimos una parte cada día.

El punto crítico está en que muchas personas desperdician ese caudal irreemplazable cumpliendo mandatos en vez de vivir su propio deseo.

Este libro surge de la experiencia: de aciertos y errores, de aprendizajes con personas nobles y con otras que no lo fueron; nace de la psicología y de la introspección. Pero no necesitas mi historia como prueba; lo único que hace falta es que te enfrentes a la tuya.

Aquí encontrarás interrogantes, no recetas; reflexiones, no soluciones. Porque la experiencia que importa es la tuya. Lo que tengas o no que hacer, solo tú lo sabes.

De esa hipótesis nace RADIAR. Este proceso está disponible como un diagrama al que recurres para recuperar la perspectiva cada vez que la pierdas. No busca transformarte, busca devolverte tu propia imagen sin distorsión. La transformación, si sucede, será tu trabajo.

Para ordenar lo que vas a leer, te propongo un marco de seis etapas que encontrarás en la parte central del libro, acompañado por «El registro», un espacio diseñado para aterrizar la reflexión en tu vida.

Te advierto: Este no es un texto para leer del tirón ni para coleccionar frases subrayadas. Es un espacio donde te detendrás a pensar. Los planteos genuinos —los que trazan el rumbo— solo podrás hacértelos tú.

Escribí esto para que te mires sin filtros. Para que te elijas una y otra vez y ocupes tu terreno, no el de otros.

Si esperas que alguien resuelva tu vida por ti, cierra estas páginas ahora. Si estás dispuesto a observarte sin adornos y avanzar sin garantías, sigue adelante.

No hay un después; la oportunidad que tienes es esta, la que eliges ahora.

NOTA AL LECTOR

Este libro no pretende «empoderar» a nadie. Nadie puede darte poder porque no hay nada esencial que te falte. El poder no se concede, se recuerda.

La noción misma de empoderamiento nace de una perspectiva equivocada: Quien pretende hacerlo se coloca un escalón por encima, asumiéndose más lúcido y ofreciendo una autoridad que jamás le perteneció. Ese acto, aun cuando se vista de buenas intenciones, esconde una velada forma de subestimación, pues parte de la premisa falsa de que las personas están incompletas o necesitan ser «reparadas».

Las personas no están incompletas. Puede ser que estén cansadas, confundidas o sumidas en la quietud, pero eso no es una carencia ni un defecto estructural; es, pura y llanamente, humanidad.

El respeto genuino no radica en dar poder, está en no arrebatarlo. Tampoco en ocupar el sitio de quien debe decidir, sino en ver al otro como un igual, plenamente capaz de ver, optar y defenderse por sus propios medios.

Esta obra opera bajo un axioma: la soberanía es una condición inherente e inalienable; no se busca, se reclama y se ejerce.

Sección 1: PUNTO DE PARTIDA

Capítulo 1

EL GURÚ QUE TE NECESITA PERDIDO

Existe un patrón. Alguien atraviesa un infierno personal, sale del otro lado y decide que su misión es salvar a otros de ese mismo sufrimiento. La historia conmueve y la intención parece genuina. No obstante, algo no termina de encajar. Para tener sentido, ese salvador necesita que estés roto. Necesita tu incapacidad para justificar su guía.

¿A quién has permitido ocupar ese sitio en tu vida?

No todas las veces entra en escena con la etiqueta de «gurú». A veces es una pareja, un jefe, o un mentor; en definitiva, cualquier otra persona cuya opinión has puesto por encima de la tuya. Poco a poco, esa persona va ocupando el espacio de tu propio criterio hasta que llegas al punto de dudar de todo menos de ella.

Su identidad depende de que haya personas que lo sigan, le paguen y lo validen —sin tu aplauso, él no existe—. Así surge una dinámica perversa: cuanto más dependes de él, más se afirma su valor. Cuanto más crees necesitar su método, más exitoso parece su mensaje. Es una balanza cruel: tu fragilidad sustenta su fortaleza y tu desconcierto es la gasolina que justifica su visión.

¿A quiénes has seguido que te han hecho sentir que, sin su guía, estás condenado al fracaso?

El problema no está en ayudar desde la experiencia sino en convertir esa ayuda en un negocio que demanda discípulos permanentes. Existe una diferencia de fondo: Un médico o un terapeuta ético trabaja para darte el alta y que recuperes tu autonomía; el gurú trabaja para que nunca te vayas. Porque, si de verdad te mostrara que puedes valerte por ti mismo y reconociera tu capacidad, dejaría de ser indispensable. Si él dejara de ser indispensable, el modelo se desmoronaría. En vez de recordarte tu soberanía interior, necesita recordarte tu carencia. Necesita que dudes de ti.

Es en ese escenario donde el discurso se invierte y ya no basta con lo que has hecho; necesitas pasar al siguiente nivel. No es suficiente con ese curso; ahora te hace falta la membresía anual. Y así, cada logro conlleva una nueva falencia que debes resolver: finalizas y descubres otra capa, un trauma más arraigado, una creencia que te limita o algo fallido que solo él puede ayudarte a ver.

La historia de superación se convierte en una credencial que hace a la vez de anzuelo. Puede ser el testimonio en una página de venta, el vídeo pulido donde cuenta «su» antes y después, o la sucesión de imágenes perfectas que parecen demostrar que, si sigues sus pasos, tu vida también se ordenará.

«Yo estuve donde tú estás». Esa frase actúa como un puente emocional que genera confianza al momento. Y desde esa confianza nace la dependencia: Si él pudo salir, conoce el camino. Y, si conoce el camino, te convences de que lo precisas para no perderte.

Pero aquí está la farsa; su ruta no es la tuya y su infierno no es el tuyo.

Las circunstancias, los recursos y el contexto que le acompañaron no son los mismos. Esa experiencia, por muy honesta que sea, no se convierte en una guía universal, pero aun así te ofrece certezas. Te dice qué hacer, cómo sentir y qué significa lo que te pasa. No tienes espacio para tu interpretación, tu ritmo ni tu manera de procesar. Si admitiera que cada persona es única, el método dejaría de ser efectivo. Las fórmulas universales venden; la singularidad no.

Luego tenemos la otra cara de la misma moneda: el referente exitoso que no vende su sufrimiento pasado, solo su éxito proyectado. El que se muestra «destacado», «fabuloso» y «acaudalado». Te vende la fórmula para alcanzar su riqueza, pero a menudo es totalmente incongruente: pretende enseñarte a tener un negocio exitoso mientras el suyo apenas se mantiene. Viven atrapados en la imagen que proyectan y necesitan que tú desees su fantasía para poder pagar la suya.

El salvador quiere ser imprescindible. Y para ello, debe recordarte todo lo que aún no has conseguido, todo lo que te falta y las formas en las que sigues siendo insuficiente sin su ayuda. Registras esa dinámica internamente: esa sensación de no hacerlo lo suficientemente bien, de demandar más contenido, más sesiones, más dirección externa. Con ello, aumenta la dificultad para confiar en tu criterio, en tus señales y en tu capacidad para avanzar sin instrucciones.

El daño más severo no es el dinero ni el tiempo perdido. Es el sabotaje interno. La voz del gurú, llena de certezas, que se instala en tu cabeza y ocupa el lugar de la tuya. Te vuelves adicto a esa «lectura externa» porque tu propia voz, más tenue y dubitativa, se siente como una interferencia. Empiezas a consultarlo todo antes de actuar, como si tu interior necesitara permiso. Si tu intuición te dice «esto no se siente bien», pero el gurú te dice: «esto es parte de tu resistencia» o «son tus creencias limitantes», aprendes a desconfiar de ti mismo. Eliges la certeza externa por encima de tu verdad interna.

Esa es la verdadera ruptura. No la que tenías al comienzo, es la que el salvador provoca.

Lo que ningún gurú dirá, porque destruye su modelo, es que ya tienes todo lo necesario. No estás roto ni incompleto y no necesitas ser salvado. Atraviesas épocas de confusión, de cansancio, de pérdida. Eso no te convierte en alguien deficiente, solo te muestra que eres una persona completa, con límites y posibilidades.

La distinción está entre quienes reconocen tu fuerza y te acompañan mientras la despliegas, y quienes se benefician al mantenerte convencido de que no puedes sin ellos. Uno reconoce tu soberanía como un estatus de autoridad definitiva; el otro la fragmenta para convertir tu dependencia en su modelo de negocio.

¿Qué tanto más vas a seguir buscando afuera lo que sabes que se gesta en tu interior?

El respeto genuino no viene envuelto en fórmulas infalibles ni en promesas de cambios inmediatos. No te marca el ritmo ni decide por ti. Observa, comparte y confía en que sabrás qué hacer con lo que recibes.

¿Qué poder regalas cuando permites que otros dirijan tu vida? ¿Qué pierdes al delegar tus riendas?

Entregar ese peso no te libera, más bien te despoja de tu autoridad. Donde va tu responsabilidad, viaja de igual manera tu capacidad para transformar las cosas.

El crecimiento concreto no es aquel que se produce bajo la tutela de quien se alimenta de tu dependencia. Sucede cuando reconoces que nadie tiene las respuestas para tu vida —porque nadie la vive— y dejas de buscar salvadores para comenzar a confiar en ti, incluso cuando el horizonte se vuelve difuso.

Entonces, el gurú se esfuma y solo queda tu voz. Cuando el gurú se esfuma, ¿qué tan dispuesto estás a soportar el vértigo de escucharte?

Capítulo 2

EL COSTO DE NO ELEGIR

Cada vez que no decides, alguien lo hace por ti. ¿Te sientes cómodo regalando tu derecho a elegir?

Llevas semanas sin responder a ese correo porque no sabes qué decir; la relación que no terminas de iniciar, ni de cerrar, permanece en el limbo; el proyecto que querías arrancar lleva meses en la carpeta «algún día», acumulando polvo digital. La conversación que evitas porque incomodaría a alguien más sigue quemándote por dentro.

Todas esas omisiones nos pesan. Lo que se carga, como una mochila llena de piedras, es lo no vivido, lo no experimentado, lo que no se ha sentido; no el error. Cada vez que pospones una decisión que sabes que te corresponde, no solo aplazas un efecto, sino incluso cedes un fragmento de tu vida a otra persona.

Existe una forma imperceptible de renunciar al poder de decisión sin que nos demos cuenta. Otros no te lo quitan; tú lo entregas. Esperas, postergas y dejas que el tiempo elija por ti. Y sabemos que el tiempo no tiene criterio, solo avanza. Nos encontramos con relaciones que se enfrían, caminos que se cierran u oportunidades que siguen su curso sin esperarte. En apariencia sigues estático, pero por dentro algo se va apagando.

Sientes el agotamiento que no está provocado por el exceso de acción, sino en cambio, por la acumulación de lo que no has hecho, o por reclamarte «qué hubiera pasado si...». Es el desgaste de mantener treguas, de frenar movimientos, de poner en pausa esas palabras que tenías y querías decir. Con el tiempo, la acumulación de pendientes se vuelve un lastre que ni el descanso repara. Es el hastío de arrastrar lo que no te atreviste a decidir.

¿Qué decisión llevas tanto tiempo evitando que ya ni siquiera la nombras cuando piensas en ella?

Tenemos dos maneras principales de no decidir. Cada una tiene su propio disfraz.

La primera es el miedo. Miedo a equivocarte, al juicio de los demás, a perder algo, a que todo se desmorone si te mueves. Ese miedo tiene muchas caras: a veces se manifiesta como preocupación legítima, otras como un cálculo excesivo y otras como la urgencia de obtener más información que no logras. Si no lo reconoces, trabaja desde la sombra y te paraliza.

La segunda forma es más precisa: aguardar «el momento perfecto». Como si existiera esa bola de cristal que te muestra cuándo las condiciones van a estar alineadas.

Esa espera suena razonable y prudente: «Todavía no estoy listo», «Falta información», «Cuando tenga todo más claro». Pero la claridad no surge solo pensando, llega actuando; porque cuando actúas, el contexto responde y te devuelve información que no veías.

La paciencia, en cambio, tiene un sabor distinto. La paciencia nos induce a detenernos porque a algo le falta madurar; la postergación solo dilata las cosas por miedo a atreverse. Llamar «prudencia» a lo que es parálisis es algo que pasa más seguido de lo que quisiéramos admitir.

¿Qué decisión has postergado llamándola «prudencia» cuando era miedo a moverte?

Cada vez que aguardas no es lo mismo. La masa del pan necesita leudar. Si la sacas del horno antes de tiempo porque no soportas la espera, la arruinas; si la dejas más, también. Existen procesos que tienen su propio equilibrio; forzarlos los destruye. La paciencia es saber aguardar.

Piensa en esta escena, el autobús viene. Lo ves acercarse. Tu instinto te dice «ahora». Y empiezas a dudar. «¿Lo tomo o no? ¿Será el correcto? ¿Y si me lleva a otro sitio?». Mientras dudas, pasa. Lo has perdido por no actuar cuando era el instante preciso, por más que estuvieras listo para ello.

La tercera es la más común: esperar a que algo madure por sí solo. Que la relación se arregle sin hablar, que el proyecto se escriba sin abrirlo, que la vida cambie sin que tú cambies algo. En este caso no estás dejando que la masa leude; estás usando la espera como un argumento para no moverte.

Muchos confunden estas tres cosas: Actúan rápido en lo que lleva tiempo, postergan lo que seguramente no madurará por sí solo o dejan pasar la oportunidad por inseguridad.

El contraste entre las tres no viene de fuera. Viene de lo hondo y es discernimiento. El discernimiento no es una capacidad que se tiene o no se tiene; se desarrolla analizando nuestro historial de decisiones, sin adornarlo ni justificarlo.

Las señales no están en tu cabeza, están en ti. Cuando la espera es concreta, se encuentra serenidad, algo madura y lo sabes sin desasosiego ni tensión.

Cuando sabes que debes actuar, tu instinto te lleva claramente a hacerlo; porque sientes que, si no actúas ahora, algo se te escapará.

Cuando pospones las cosas por miedo, te tensas y te preocupas, y la urgencia por distraerte de esa decisión que tienes que tomar te ataca. Te encuentras revisando el teléfono, abriendo ventanas en el ordenador, haciendo cualquier cosa menos hacer lo que sabes que es importante.

La separación se siente y puede palparse, no se medita, en tu interior ya sabes cuándo parar y cuándo actuar, solo debes estar atento y escucharte.

Habrá periodos en los que la soledad pese tanto que cualquier voz firme y externa parecerá una tabla de salvación. Es fácil aferrarse a quien habla con seguridad absoluta, como si la respuesta fuera la salvación. Me pregunto lo siguiente: ¿Qué sientes cuando aceptas un dogma que no tiene fundamento?

¿Qué sucede en tu interior cuando entregas tu voluntad a una idea que no admite dudas, solo porque esa voz sonó más fuerte que la tuya?

No hace falta responder enseguida. Basta con dejar el interrogante ahí, rondando.

El peor riesgo está en olvidar nuestra propia voz. Afuera la mayor parte de las veces habrá gritos más intensos, promesas de certezas y más relatos diseñados para atraparte. Y, en medio de tanto barullo, la tuya puede sonar como apenas un susurro. Pero está, escondida; solo está esperando a que le abras un espacio.

¿Qué pasaría si, en lugar de correr detrás de lo que otros dicen que es verdad, te detuvieras a escuchar lo que grita dentro de ti?

¿Qué descubrirías si dejaras de decir las palabras de otros y empezaras a pronunciar las tuyas?

Escuchar más de la cuenta a los que hablan desde atrás conlleva un riesgo. Es como ir conduciendo y soltar el volante para entrar en la conversación de los que viajan en el asiento trasero. Ya puedes imaginar lo que va a pasar. Eso mismo pasa en la vida cuando dejas de sujetar tu rumbo para atender al llamado que viene de afuera; el camino termina decidiéndose sin ti.

Lo notorio es que vivimos en un período que parece ideal para hacerlo. No hubo antes tanto acceso a la información como la que tenemos hoy. Ya no es imprescindible tener un título para aprender, ni un intermediario para interpretar el mundo. Pese a ello, en ningún otro tiempo fue tan normal obedecer ciegamente, como si todo ese acceso no sirviera para pensar, solo para reforzar la comodidad de que alguien más te diga cómo vivir y cómo pensar. La información está afuera, en cambio, la sabiduría solo se construye dentro de nosotros. Entonces, ¿qué sentido tiene vivir con la seguridad de un esclavo si al final vas a terminar obedeciendo consignas que ni siquiera has puesto a prueba en tu vida?

¿Te has descubierto mirando de reojo la vida de otra persona, midiendo la tuya con su vara?

Subyace esa agitación interior más profunda; una voz que repite sin cesar: «Yo». Es la constante demanda de tener la razón, de convencer, de convertir cada palabra en una vitrina.

Esa voz se escucha cuando lo que haces pierde valor si nadie lo celebra, cuando hablas más para convencer que para comunicar y te mides en función del grado en que lo notan los demás.

¿Qué ganamos con creer que tenemos la verdad absoluta? ¿Se otorgan premios por vivir así? Si lo piensas bien, no se entregan premios, no se reparten medallas por demostrar más, ni trofeos por gritar más fuerte.

¿Qué situación actual te está diciendo algo que tu mente no te deja oír?

En las últimas ocasiones en que decidiste actuar, algo sucedió, salió bien o mal, y aprendiste algo. Te arrepentiste o te alegraste de haberte movido. Cada una de esas experiencias te dejó marcas. Las situaciones en que decidiste aplazar algo dejaron el rastro. Algunas veces la espera era veraz y algo maduraba, otras, solo dejaste pasar el tiempo y la oportunidad se esfumó. Al igual que las veces que dejaste pasar el autobús, las oportunidades que viste venir, dudaste y se esfumaron.

Sin duda algo te frenó, probablemente fue miedo o la falta de información que te pareció lógica, y que con el transcurso del tiempo te diste cuenta de que era solo una excusa.

¿Qué aprendiste la última vez que dejaste pasar la oportunidad?

El discernimiento se va afinando con cada decisión consciente que tomas. Cuando eliges avanzar, aunque no estés seguro. Cuando eliges esperar, pese a que todos te apuren. Cuando reconoces «esto era miedo, no prudencia» y lo aceptas así, tal cual es.

Ya sabes cuándo postergar y cuándo actuar. Es tu mente la que lo confunde.

Las decisiones sobre tu vida son tuyas. Pero, si no distingues cuándo actuar y cuándo detenerte, terminas decidiendo desde el miedo o la mera costumbre. Ambas te llevan al mismo territorio. Ese lugar que no te pertenece o al que llegaste sin saber cómo.

El verdadero lastre de no escoger fractura tu interior. Cada vez que delegas tu decisión, algo en ti se apaga. Cae en un mutismo absoluto, sin despedidas, y poco a poco va dejando de insistir.

Lo que está en juego no es únicamente una oportunidad, está en juego la relación que tienes contigo cuando miras hacia atrás.

Llega el día en que todo se rompe; aquello que temías perder se ha perdido por no actuar. Eso que tanto esperabas que madurara no lo hizo por sí solo. O aquel autobús que viste venir hace años, hoy no para en tu esquina.

Sabemos que la vida no se detiene. Cada espacio que dejas libre indefectiblemente será ocupado. Cada decisión que no tomas alguien más la tomará. Y lo que se desvanece no son solo las oportunidades, igualmente lo hace la posibilidad de que algo vuelva a ser lo que era.

Aun cuando elegir un camino u otro no te da certezas, sí te da dirección. Y toda dirección, por mucho que se corrija más adelante, te saca de ese escenario donde nada sucede.

Tienes una decisión frente a ti ahora mismo esperando tu lectura. Acaso sea el momento de dejar leudar
la masa o de subir al autobús. O dejar de engañarte con
la espera. Solo tú lo sabes.

Capítulo 3

LOS PRECEDENTES QUE SUBYACEN

Algo se interpone entre lo que quieres y lo que finalmente ejecutas. Contrario a ser falta de criterio, suele girar en torno a costumbres antiguas, lealtades que piden seguir inamovibles y cosas del pasado que todavía tienen peso en el presente. Se crearon como respuesta a contextos que, cuando los viviste, te protegieron y cumplieron su cometido. Hoy, estorban más de lo que cuidan.

Tomar conciencia de estos movimientos requiere criterio, dejando de lado víctimas y culpables. Al entender qué está frenando tu capacidad de determinar, esas improntas pierden parte de su fuerza. Si bien no se van de inmediato, dejan de actuar en la sombra. Constituyen respuestas que tuvieron sentido en otro tiempo, aunque hoy las confundamos con fallas de carácter o personalidad. Muchas de ellas hoy quedaron desactualizadas y otras son solo mecanismos de defensa.

Aquí te presento algunos de los referentes más comunes. Es posible que te reconozcas en alguna o en varias. A casi todos nos pasa. Al distinguirlas se pueden identificar para dejar de obedecerlas.

Presión externa: El temor a defraudar

De niño aprendiste una regla básica: La aceptación garantizaba el cuidado. Cuando cumplías con lo que se esperaba de ti, recibías consideración, aprobación y seguridad. Esa norma fue útil y te mantuvo conectado con tus cuidadores; sirvió en ese contexto de dependencia. El conflicto se da cuando ese mecanismo sigue latente en la edad adulta como si fuera una ley inamovible.

Entonces orientas tus pasos en función del aplauso de otros; mides lo que dices y editas lo que haces. Calculas los efectos y cedes tu criterio a estándares que no has elegido. Pasa desapercibido porque es apenas visible.

Lo vemos en pequeñas concesiones diarias: La carrera que estudiaste por mandato familiar; el trabajo que aceptaste porque «quedaba bien» en el historial; la relación que sostuviste más tiempo del necesario porque terminarla habría decepcionado a otras personas.

Esa vigilancia constante agota. Cada opción se filtra primero por «¿qué van a pensar?» y después por «¿esto es lo que deseo?». Con el tiempo, cuesta distinguir entre tu voluntad objetiva y lo que crees que «deberías» querer. Esto nace del miedo a fallarle al otro.

¿Qué parte de ti se esconde tras la urgencia de agradar y qué temes que ocurra si dejas de hacerlo?

Guiones ajenos: Los mapas que no dibujaste

Desde temprana edad, recibiste una lista no escrita, pero clara, acerca de lo que se consideraba una existencia «lograda»: estudiar una carrera determinada, alcanzar metas visibles, formar una pareja, comprar una vivienda, acumular bienes... El inventario varía según el entorno y las circunstancias del caso, aunque la presión es idéntica: seguir el libreto.

En el trasfondo se encuentran los sueños inconclusos de tus padres. Tu madre anhelaba ser médica y te impulsa hacia el éxito académico; tu padre temía la inestabilidad y te transmite un temor paralizante al riesgo. Ellos se conducen desde sus propias heridas no resueltas, con ausencia de manipulación consciente.

Se origina de la misma forma en el sistema, que premia el rendimiento y penaliza la pausa. Te mide por lo externo: cuánto tienes, cuánto produces, cuánto acumulas. Y se refuerza con lo que consumes: ideales de éxito que pocos encarnan, hechos editados al detalle, fantasías que otros fabricaron y que compraste sin revisarlas.

Postergas lo personal «hasta cumplir» con lo foráneo. Pero esa demanda rara vez se termina de satisfacer, porque siempre habrá otra meta u otra vara más alta.

¿Qué de lo que persigues hoy nació de ti y en qué medida es un mandato heredado que jamás cuestionaste?

¿Qué línea reescribirías primero?

Diálogos internos: Narrativas que te definen

Tu mente tiene una voz y habla la mayor parte del tiempo. Muchas de las sentencias que repite son instrucciones antiguas disfrazadas de verdades absolutas: «Siempre abandono», «no sirvo para hablar en público», «nunca alcanzo».

Tales afirmaciones son útiles como interpretaciones surgidas de experiencias tempranas mal procesadas, no como hechos. Te dijeron que no tenías disciplina y lo aceptaste. Ahora dejas proyectos a la mitad, por más que te interesen, porque «así soy yo».

Esas narrativas son una especie de profecía autocumplida: Mantienes un ciclo de derrotas porque tu historia interna te dice que así es cómo se desarrolla tu existencia.

Y no solo se centra en los juicios negativos, encima lo hace en las definiciones positivas que terminan por limitarte: «Soy el responsable», «Soy el que resuelve», «Soy el fuerte». Si esas marcas se vuelven rígidas, bloquean la exploración de otras facetas.

Rechazas los cumplidos que contradicen esa identidad fija: Si tu narrativa es «no sirvo para las ventas» y alguien elogia tu texto, descartas el mérito pensando «no sabe de qué habla».

Incluso desestimas propuestas que no se ajustan a esa imagen; por ejemplo, te ofrecen liderar un proyecto y te niegas porque «no soy de los que mandan». Convertir una sensación en identidad te atrapa.

¿Cuál de tus etiquetas internas te ha servido de excusa para no cambiar y qué ganarías si la soltases?

Carga de viejas escenas: El pasado activo

Ciertas vivencias permanecen activas, incluso si han transcurrido décadas. Una discusión que quedó abierta o un comentario hiriente que pasó desapercibido para la otra persona, pero te marcó a ti. Esas secuencias siguen siendo la referencia cada vez que algo las roza, como cadenas invisibles que nos anclan.

La burla casual de un compañero sobre tu forma de hablar. La vez que descartaron tu idea con desdén. Justo cuando te abriste emocionalmente y la otra persona se alejó. Esos episodios se amplifican en la memoria.

Hoy en día, ese mecanismo te hace evitar contextos que ni remotamente son peligrosos, solo porque te recuerdan a aquella situación. Descartas oportunidades de hablar porque una vez te quedaste mudo. Evitas establecer conexiones profundas porque una vez te lastimaron. Esos recuerdos antiguos condicionan tu presente.

La situación crítica asoma cuando esa memoria se convierte en una ley universal: «Me pasó una vez, me volverá a pasar». Al reactivar esas memorias, reabres la herida y reaccionas de forma desproporcionada ante estímulos nuevos.

¿Qué escena del pasado sigue definiendo las rutas que tomas hoy, a pesar de que el contexto sea completamente distinto?

Territorio seguro: El apego a lo conocido

Esta traza es la insistencia de lo familiar porque ofrece calma. Los lugares, las rutinas y las relaciones previsibles sirven de refugio: sabes qué expectativas tienes, sin sorpresas ni riesgos. Esa sensación te pide permanecer porque reduce la incertidumbre. El café de siempre. El trayecto habitual. Las relaciones que no te llenan, al menos no te piden cambiar.

El precio de esa estabilidad es limitar tu campo de experiencia. Dejas de probar cosas nuevas porque ya sabes lo que te gusta. Confundes familiaridad con felicidad. «Esto es lo mío», dices, cuando de hecho quieres decir «esto es lo que conozco». Difieren radicalmente.

¿Qué rutina, vínculo o ámbito recuerdas que mantienes porque te resulta previsible, pese a que ya no te aporta nada?

Recursos y entorno: Compañías que drenan

Importa quién te rodea. En este punto no solo lo vemos como una red de contactos superficial, lo medimos en términos de energía. Sabemos que determinadas personas amplifican los conflictos sin ofrecer perspectiva; critican sin aportar nada y requieren sacrificios constantes. A veces son personas heridas que hablan desde sus propios miedos y te transmiten desconfianza. Ellas precisan que permanezcas igual para sentirse cómodas con su propia inmovilidad, y por eso cuestionan cada paso que das.

Estar cerca de alguien que minimiza tus avances y pone en duda cada una de tus determinaciones te hace perder la vitalidad y confianza que no recuperas fácilmente.

Más de una vez nos ha pasado que comentamos una idea, un proyecto o algo que tenemos muchas ganas de emprender, y a diferencia de recibir respaldo, nos encontramos con el juicio o con el consejo seudoprofesional no solicitado. Entender que te hablan desde sus propias inseguridades evita verlas como enemigas, pero seguir acomodando tu entorno para que todo siga igual consume la fuerza que podrías usar para moverte.

¿Con quién te sientes más vacío luego de cada encuentro, por más que la charla parezca inofensiva?

Ausencia de impulso interno: El motor apagado

El empuje que apoya un cambio deseado viene de esa ansia que te mueve por dentro, y rara vez de listas externas de «deberías». Sin ese motor, cualquier dificultad se vuelve excusa. Sin contacto con lo que te conmueve, todo lo demás es mecánico. Actúas porque tienes que cumplir, no porque te importe genuinamente la tarea.

Recuperarlo requiere sosiego para escuchar lo que te mueve y darte permiso para explorar, incluso si no sabes a dónde te llevará.

Al nombrar estas dinámicas, empiezan a perder parte de su dominio. Cuando aparezcan durante el devenir podrás identificarlas sin confundirlas con incapacidad personal. Lo que antes te detenía en pausa ahora tiene nombre; y lo que tiene nombre puede trabajarse.

Ahora que has nombrado tu trasfondo, ¿seguirás permitiendo que decidan por ti o las enfrentarás?

Capítulo 4

COMPRENDER DÓNDE ESTÁS

¿Qué estás haciendo hoy con tu existencia? No te pregunto en términos generales ni filosóficos, te pregunto hoy, esta semana, este mes. Si alguien examinara tus últimos siete días como un auditor revisa un estado de cuenta, ¿qué encontraría allí? ¿Coincidiría ese registro frío con lo que dices que te importa o mostraría una historia completamente distinta?

Es mucho más fácil hablar de propósitos abstractos que analizar la crudeza de lo cotidiano. Mientras elaboras discursos sobre quién eres, los días pasan y lo que hiciste con ellos es lo único verificable. Ese movimiento imperceptible deja a la vista lo que quedó en pie al cerrar el día, a quién o a qué le prestaste atención y qué hueco ocuparon las cosas que afirmas valorar.

¿Qué revela tu inventario acerca de la brecha entre lo que predicas y lo que ejecutas?

Solamente debemos constatarlo. Mientras elaboras explicaciones complejas o justificas tus demoras, el tiempo sigue pasando sin demandar acuerdos. Un pequeño ajuste en una sola decisión ya inicia la evolución. Contemplarte con franqueza ayuda a ordenarte, incluso si no te gusta.

¿Qué has estado evitando ver y qué te revelaría si lo usaras como punto de referencia?

Aquí hablamos de un inventario de hechos, no de teoría: un análisis forense que refleje en qué se gastaron las horas, con qué argumentos y con qué efecto. Puedes afirmar que valoras tu salud, tus relaciones o tu lucidez, pero eso se mide con acciones, con el centro que les otorgaste. El contraste es claro: tus actos coinciden con tu discurso o lo desmienten.

Admitir cómo fueron las cosas, sin maquillaje, cambia inmediatamente la posición desde la cual eliges.

Echa un vistazo a los días recientes y pregúntate: ¿A qué le has dedicado el grueso de tu tiempo, y cuánto de eso coincide con lo que dices que te importa? ¿A qué demandas dijiste «sí» esta semana sabiendo que no querías atenderlas, y qué te costó? ¿Lo central en tu vida ha tenido un espacio físico en la agenda o solo existe en tu imaginación?

Es suficiente con recordar dónde estuviste, qué hiciste, con quién hablaste y qué ocupó tu mente; no necesitas un catálogo perfecto. Si no puedes responder a esto con algo concreto, ya tienes la primera pista: Lo que ocupó tu día careció de huella suficiente como para ser recordado.

Esto sucede cuando vivimos de forma automática, como quien conduce un trayecto habitual y llega al destino sin haber registrado el camino. El día se llena de movimiento sin dirección; urgencias que se cumplen sin que avance lo esencial. Al final, cuesta evidenciar qué se completó porque el movimiento constante contrasta con el progreso.

Existe una distancia, a veces abismal, entre lo que afirmas valorar y lo que haces con tus horas. Esa separación suele ser costumbre, no siempre inconsistencia. Las decisiones que tomaste hace años siguen consumiendo tu presente: Ese trabajo que aceptaste «por un tiempo» y donde ya llevas siete años, la rutina que ya no sirve, pero sigues repitiendo, la relación que no termina ni se renueva.

La dificultad radica en no verlo. Mientras ignores ese desfase, seguirás creyendo que «no tienes espacio» para lo que te importa, cuando en verdad lo estás ocupando en otra cosa, que en el fondo no te importa.

Tu fuerza vital se expresa también, y cada actividad tiene un costo distinto. Ciertas cosas te producen un vaciamiento anímico, por más que no hayas hecho mucho, y otras, que te cansan físicamente, te devuelven la paz. Es como ir al gimnasio: vuelves dolorido, pero se siente bien. La contradicción lo marca todo; el agotamiento del trabajo elegido se recupera con descanso, mientras que la pérdida de mantener lo que no quieres se acumula silenciosamente hasta que tu interior queda deshabitado.

Puedes evaluar las jornadas recientes y cuestionarte qué te ha causado más desilusión. Esa sensación de haber quemado tu combustible en algo que careció de sentido, independientemente del esfuerzo físico: la reunión que sabías que sería inútil, la conversación sin sentido con alguien que solo quería quejarse, el compromiso que aceptaste sin interés genuino. La lista puede ser interminable.

Cada vez que entregas tu energía a algo sin sentido, esa reserva ya no regresa; al contrario, te va consumiendo poco a poco.

Tu cuerpo es parte del inventario. La tensión en los hombros, la respiración corta o el bruxismo son datos, no casualidades ni falta de yoga. Son las facturas físicas de continuar con una forma de vivir que ya no encaja. Si tu agenda dice que «todo va bien» pero tu cuerpo grita lo contrario, créeles a los síntomas. El cuerpo pasa la cuenta, da sus señales de alarma.

La tensión, la reacción desmedida, el sueño interrumpido, la irritabilidad sin motivo claro... Todo habla de algo que te niegas a observar. Ese cansancio deriva de llevar una existencia que no concuerda con quién eres, no de hacer mucho.

Las señales están; no es necesario estar al límite del colapso para admitir que algo no funciona. La cuestión es si las ves o las justificas.

Encontrarás cosas que preferirías no ver. Te darás cuenta de que algunas de tus prioridades no se reflejan en tus actos, que mantuviste rutinas sin sentido y que dedicaste recursos valiosos a situaciones vacías. La desazón te confirma que estás mirándote de verdad.

La tentación inmediata será justificarte —«no tuve tiempo», «fue una semana rara»— y es posible que todo eso sea cierto. También puede ser la forma más elegante de evitar lo que es. El objetivo es obtener un dato verificable, no castigarte.

Sin ese dato, cualquier intento de ajuste estará basado en una versión distorsionada de tu situación. La transformación nace de un reconocimiento honesto de cómo eres hoy y de cómo quieres ser —sin fantasear.

Sin idealizar un destino, importa tener claro dónde estás ahora, considerando tanto tus actos como tu impulso.

A años luz de querer arreglarlo todo en el acto, el trabajo consiste en definir con exactitud tu punto de partida: «Estoy aquí, esto es lo que hay hoy, esto es lo que siento». Desde ahí, todo lo demás se vuelve posible.

Capítulo 5

ACEPTAR FRENTE A RESIGNARSE

Has terminado de inspeccionar tu vida sin miramientos; has hecho un inventario de sucesos y has podido ver el espacio que existe entre lo que dices valorar y lo que haces con tu tiempo. Ahora, con esa información sobre la mesa, te enfrentas a la determinación más decisiva de todas: ¿Qué vas a hacer con lo que has visto?

La mayoría se rinde aquí sin siquiera saberlo, mordiendo el anzuelo más extendido del desarrollo personal: confundir la aceptación con la resignación.

La resignación es rendirse. Constituye una postura interna con muchas caras. A menudo puedes percibirla como una parálisis disfrazada de realismo: Te convences de que «así son las cosas» y que ser pragmático supone dejar de intentar, cuando lo que en verdad haces es justificar tu inmovilidad.

Esa postura provoca una pérdida de agencia absoluta. Dejas de ser el actor principal de tu existencia para convertirte en un espectador pasivo que solo recibe impactos, convencido de que no tiene mano en el juego. Lo dañino es que normaliza el malestar; te acostumbras al desconcierto, a la falta de respeto o de centro, del mismo modo que uno se acostumbra a tener una piedra en el zapato, hasta que te olvidas cómo se sentía caminar sin dolor.

La carga interna puede ser devastadora. La resignación es corrosiva para la autoestima; cada día que pasas tolerando lo que no quieres, te envías el mensaje que te dice que no te mereces algo distinto. Para soportarlo, desarrollas una anestesia emocional parcial: Te insensibilizas lo suficiente para no sufrir, pero al hacerlo, también te incapacitas para sentir entusiasmo o alegría. Lentamente te apagas.

El balance final es el cierre de posibilidades. Al decretar que nada puede cambiar, dejas de ver las puertas que podrían abrirse. Y en ese encierro, crece un resentimiento soterrado, una amargura que no siempre explota, pero que corroe tus relaciones y tu carácter desde abajo, volviéndote cínico y desesperanzado.

La aceptación es el antídoto exacto porque opera en sentido inverso. La resignación paraliza; la aceptación libera movimiento, te saca del estancamiento mental y te permite dar el siguiente paso. Este orden personal te devuelve la agencia y la responsabilidad, recordándote que siempre tienes margen de maniobra sobre tu propia respuesta.

Lejos de hundirte, limpia la autoestima porque dejas de mentirte a ti mismo. En vez de esconder la suciedad bajo la alfombra, nombra el malestar por su nombre, y al hacerlo, le quita su condición de fantasma para tornarlo un obstáculo sorteable.

Esa lucidez abre el campo visual y comienzas a detectar grietas y salidas donde antes solo veías muros. Es un mecanismo que digiere el resentimiento acumulado, y convierte la queja pasiva en combustible para la acción.

El discernimiento entre ambas posturas lo torna complejo. La resignación trata todo como si fuera inalterable. La aceptación se sustenta en la serenidad para dejar de lado la ilusión de que puedes modificar lo inmutable y el valor para actuar sobre lo que sí está en tus manos.

La frase «Si la vida te da limones, haz limonada» ilustra técnicamente la aceptación activa. Consiste en reconocer el limón (el hecho que no controlas) y hacer la limonada (la respuesta que sí controlas).

Confundir esta aceptación con tolerancia es un error grave. Tolerar abusos, injusticias o faltas de respeto pertenece al terreno de la resignación. Puedes quedarte en un trabajo difícil aceptando que, por ahora, eliges permanecer mientras buscas otras opciones; eso es aceptación estratégica. Quedarte sintiendo que «no tienes salida» y repitiendo que «es lo que hay» mientras te apagas, es resignación pura.

La verdadera aceptación es el motor de todo cambio. Reconocer plenamente que una situación es perjudicial, injusta o te está lastimando es el primer paso indispensable para reunir la fuerza necesaria para sustituirla. Modificar algo implica, primero, dejar de negarlo.

El mayor riesgo reside en utilizar el lenguaje de la «aceptación» para justificar tu inmovilidad. Si por dentro sigues negociando con los hechos, aguardando que cambien sin que tú muevas nada, sigues atrapado. Si lo que llamas «aceptar» te deja en resentimiento, queja o amargura, solo te has rendido.

¿En qué área de tu vida has estado usando el lenguaje de la aceptación para justificar tu resignación?

¿Qué te abruma y estás evitando ver llamándolo «algo que no puedo cambiar»?

¿Qué pasaría si no te rindieras y la aceptaras como el punto de partida desde el que, por fin, puedes tomar una decisión?

La resignación es el fin del camino. La aceptación es el principio.

¿En qué ámbitos te has resignado llamándolo aceptación y qué harías diferente si eliges aceptar, responsabilizarte y actuar?

Capítulo 6

LA FUERZA DE TU ATENCIÓN

Al cerrar la puerta, el día se deshizo en fragmentos diminutos. Contestaste mensajes, abriste documentos, respondiste a varias voces y saltaste entre ventanas con la rapidez con la que se cambia de carril al conducir. Pese a todo el movimiento, cuesta señalar qué quedó firme.

No es necesario buscar culpables o sobredimensionar, solo debemos reconocer un hecho físico: Fragmentar la observación lleva lo que has vivido hacia la superficie. El matiz es claro: cavar un pozo hondo en una pequeña extensión encuentra agua; hacer cien agujeros superficiales en la tierra solo levanta polvo.

Estar presente de verdad define lo que se anida en la vida diaria. A la actividad constante muchas veces le falta el avance concreto. Atender lo urgente, contestar lo inmediato y partir del punto inicial otra vez sin que nada cambie genera un espejismo de productividad. Ese movimiento constante simula progreso, pero el avance deja cada una de las piezas en su sitio.

Cada interrupción tiene un precio que rara vez mides: el tiempo para reincorporarte, la energía para regresar al inicio y la paciencia para retomar el hilo. Esa factura explica la sensación de haber hecho mucho y seguir igual. Es el debilitamiento por haber estado girando en círculos durante ocho horas frente a avanzar hacia el objetivo.

¿Qué habría sido diferente si hubieras protegido un bloque de tiempo para dejar un rastro legible?

Tu enfoque es como un haz de luz. Donde cae, los bordes se definen; donde se retira, todo se disuelve en la penumbra. Si lo mueves constantemente, nada alcanza a tomar forma; si lo mantienes fijo, una figura reconocible asoma y puedes optar con fundamento.

La atención trasciende la productividad; es el requisito de todo lo demás. Sin ella estamos desprovistos de registro posible.

Las señales internas pasan de largo porque nadie está observando; el cuerpo habla, pero sus mensajes se pierden en la interferencia del movimiento constante. Lo que sientes, lo que te incomoda, lo que te atrae, todo eso pide una pausa mínima para ser percibido. Cuando esa pausa no existe, vives respondiendo sin saber a qué, actuando sin hacer elecciones, avanzando sin dirección propia. El día transcurre y tú apenas te das cuenta.

Tampoco hay distinción: no puedes separar lo que deseas de lo que te enseñaron a desear si nunca te detienes a escucharte. La voz del afuera y la del adentro terminan sonando igual, y obedeces sin saber a cuál de las dos. Esa confusión se resuelve estando presente.

Sin fijación la soberanía es inoperante; el discernimiento es el requisito técnico para ejercer el mando. Cuando todo pasa demasiado rápido, no decides; reaccionas. Y reaccionar no es lo mismo que priorizar, por más que a veces lo parezca.

La atención es el músculo que carga todo el proceso. Sin ella, nada de lo que viene después puede servir.

En la actualidad, pocos captores de nuestra concentración son tan eficaces como las pantallas. El tema reside en usar el dispositivo sin criterio, dejando que éste decida por ti qué, cuándo y quién merece tu foco. La comparación constante en las redes sociales encarna la forma más moderna de dilapidar tu concentración. Es una pérdida de tiempo diseñada para que sigas pasando pantallas y consumiendo la «perfección ajena» mientras tu situación se vuelve cada vez más borrosa.

Cuando tu observación está capturada por lo de afuera, caes en la forma más sofisticada de evitar tomar tus propias decisiones: la competencia. Esa carrera invisible por demostrar quién sabe más, quién tiene más, quién lo hace mejor, quién corre más rápido, quién llega primero. Lo mío contra lo tuyo. Esa obsesión por compararnos nos roba la calma y nos arrastra hacia lo que no importa.

Se pone en marcha igual que la red del gurú, pero en dosis diarias, como un acto hipnótico. Mira tus dedos. Obsérvalos mientras deslizas pantallas de manera automática, gastando tus huellas. Ves la casa ordenada de un desconocido, el éxito financiero de un colega o el viaje ideal de una pareja, y de repente tu entorno cercano te parece insuficiente.

Podemos preguntarnos qué queda después. ¿Es frustración, envidia, resentimiento o la sensación de ser menos?

Buscamos distraernos, escapar, evadirnos; huimos hacia una anestesia digital que roba nuestra experiencia verdadera. Estamos esquivando el sosiego. Ignoramos la brecha entre lo que tenemos y lo que quisiéramos tener.

A veces ni siquiera son celos, es aburrimiento. Pero ese entretenimiento conlleva un costo de oportunidad cierto. El tiempo que inviertes validando la vida de otras personas es tiempo que no utilizas para protagonizar la tuya. Es la dinámica del que mira una carrera desde la grada: Observas a otros correr hacia el paraíso, analizas sus pasos y los ves cruzar la meta. Cuando el evento termina y sigues en el mismo asiento, la queja pierde lógica. No hubo impedimento externo; entre consumir la vida de los demás o tener una propia, la elección fue ser espectador.

Determinar dónde cae el haz de luz devuelve la proporción a tus horas. Lo que hoy necesita definición la obtiene hasta dejar rastro; lo demás espera sin dramatizar. Cuando este cuidado se instala, el día deja de parecer un catálogo de ventanas abiertas y recupera su estructura.

Una actividad con continuidad tiene principio, desarrollo y final. Más que demandar perfección, requiere cerrar el día con un punto firme. Ese final reduce la tensión, evita reinicios constantes y frena la compulsión de abarcar mucho para concretar poco.

Evaluar y estar presente permite ver lo que antes se escapaba. En lo disperso, reaccionas ante lo inmediato y confundes volumen con valor; en la continuidad, emergen los matices, el criterio se afina y decides sabiamente.

El gasto sigiloso surge al frenar y arrancar sin pausa. Por eso hay días que terminan en calma porque hubo sustancia, y otros que reclaman estímulos externos para esconder el malestar de haber sido solo una suma de partes inconexas.

Como un carpintero que ajusta el nivel sobre una tabla, tu foco se desviará. Es inevitable. El objetivo consiste en notar cuando la burbuja se desplaza y devolverla al centro sin más, con la firmeza de quien corrige el rumbo del volante.

¿Cuántas veces esta semana tu foco se perdió en lo trivial, y qué te costó admitirlo?

Esa es la fuerza de tu atención: notarla cuando se desvía y reajustarla. Cada ajuste intencional fortalece el músculo que sostiene lo importante.

La próxima vez que la prisa te arrastre, ¿serás capaz de detenerte y preguntarte qué quieres ver o seguirás girando sin contemplarlo?

Capítulo 7

LA FALACIA DEL «SI YO PUEDO, TÚ TAMBIÉN PUEDES»

«Si yo pude, tú también puedes». La frase suena motivadora e inspiradora, llena de posibilidades. Se repite en las redes sociales, en libros y en conferencias. Y cada vez que la oímos, algo en nuestro interior se activa: esa mezcla de esperanza y presión, de posibilidad y culpa. La duda implícita es demoledora: Si él pudo, ¿por qué tú no?

La decimos con buena intención, buscando animar. Aun así, la premisa está incompleta. Esa frase asume que las condiciones en las que alguien logró algo se pueden replicar. En algunos casos puntuales, es cierto; pero en la mayoría, constituye una trampa.

Si alguien te dice «yo monté esta estantería siguiendo las instrucciones, tú puedes hacerlo», la afirmación tiene sentido. Montar muebles con instrucciones es un procedimiento mecánico donde las variables están controladas. Si tienes las mismas piezas y sigues los mismos pasos, llegarás al mismo resultado. En ese escenario, el «si yo puedo, tú puedes» conserva su honestidad.

Construir una carrera, afianzar una relación o recuperarse de una pérdida pertenecen a otra categoría. Tales desarrollos vienen sin manual de instrucciones y sin piezas intercambiables. Las circunstancias son infinitas, muchas escapan a tu control y lo que funcionó para alguien en unas condiciones determinadas falla estrepitosamente cuando cambias el contexto.

Sería absurdo imaginar a un pintor consagrado diciéndole a un principiante: «Si yo llegué a exponer en museos, tú puedes hacerlo». Esa afirmación suena ilógica ante un contexto tan diferente. Mas aceptamos esa lógica cuando las diferencias son invisibles: el capital inicial, las redes de contacto, la estabilidad emocional, el acceso a la educación, la salud mental y el margen de error que permite tu situación.

Haber crecido con padres que validaban las emociones otorga una base distinta a la de quien aprendió a esconder lo que siente. Pedir dinero prestado a tu familia te proporciona una seguridad operativa muy diferente a estar desprovisto de una red financiera de respaldo. Fingir que no existen estas divergencias, y que todos partimos del mismo punto con las mismas herramientas, es un acto de deshonestidad.

La cultura del éxito vende la idea de que los logros son la consecuencia exclusiva del esfuerzo individual.

Te ofrecen modelos empaquetados: los hábitos del millonario, las rutinas del emprendedor de éxito, los pasos del *influencer* famoso. La promesa es tentadora: «Síguelos y llegarás al mismo destino».

Lo que omiten deliberadamente es quién financió los primeros meses, quién cuidó de sus hijos, qué contactos heredaron o en qué contexto económico lanzaron su producto. Esos detalles se ocultan porque arruinan la narrativa memorable. Sin esos datos, la historia deja de ser información útil y se convierte en ficción motivacional.

Los modelos sirven como referencia. Ver cómo otra persona ha superado un problema similar aporta información que no tenías y es el punto de partida para tu propia exploración. Lo que funcionó para alguien en unas circunstancias concretas requiere traducción a tu contexto específico.

Copiar sin tener en cuenta los distintos matices garantiza la frustración. Cada método que pruebas y abandonas se suma a una lista interna de fracasos. Con el tiempo, la duda se desplaza del método hacia ti mismo. La frase pasa de «este camino no funcionó» a «yo no sirvo». Desde ese entonces, cada nuevo paso carga con el peso de todos los intentos anteriores.

Tu mente registra esa desconexión. La ansiedad de no estar donde se supone que «deberías» estar y la tensión que surge al comparar tu desarrollo con el de alguien que partió de un punto distinto activan una amenaza constante en el organismo.

¿Qué parte de ti has ignorado mientras intentabas encajar en el modelo de éxito de otra persona?

Ese reconocimiento, aunque condicionante, constituye el primer paso para dejar de construir sobre terreno ajeno. Nadie te dice esto porque no vende: Tu camino es irreplicable. Puedes aprender de otros, observar qué hicieron y probar qué puede ser bueno de eso para ti. Estás así traduciendo la experiencia. Si ves que alguien dejó un trabajo estable para crear su empresa, observa cómo gestionó la incertidumbre y qué decisiones tomó. De ese núcleo emerge la información útil. Renunciar a tu trabajo mañana solo porque esa persona lo hizo y le funcionó es una copia arriesgada y a veces hasta imprudente.

Esa traducción implica conocer tus recursos, tus límites actuales y tu punto de partida específico. Exige franqueza para saber qué puedes preservar y qué debes descartar. Copiar trayectos diseñados por y para otras personas equivale a construir sobre una base que no es tuya; un día, sin aviso previo, esa estructura se viene abajo.

Ante el derrumbe, tienes opciones: culparte por no haber podido mantenerlo en pie o reconocer que lo que se desplomó debió construirse sobre otra base. Entender esto te saca de la vuelta a la culpa y te muestra que el problema fue el fundamento inicial.

Dejas de buscar el camino correcto que alguien más recorrió y comienzas a preguntarte qué dirección es posible tomar desde donde estás, con lo que tienes ahora y tal como eres.

Saber que tu trayecto es único produce vértigo. Esa ruta carece de nombre conocido y de historia inspiradora. No servirá de modelo para nadie más. Pero será tuya.

¿Te asusta o te libera?

El vértigo confirma que la red de seguridad ha desaparecido; el alivio revela que el peso de las expectativas ajenas se ha disuelto. Lo que queda ante ti es un escenario donde el asiento del conductor está desocupado. Nadie vendrá a ocuparlo ni a dictar el rumbo, porque justo en este punto donde se terminan las instrucciones es donde comienza, inevitablemente, tu elección.

Sección 2: EL PROCESO RADIAR

Capítulo 8

RADIAR

Es normal que en este punto estés pensando: «Acabas de dedicar un capítulo entero a criticar a los gurús que venden métodos infalibles, ¿y ahora vas a presentarme el tuyo?».

Tienes razón en dudar.

La crítica del capítulo inicial apuntaba a los dogmas, esas fórmulas rígidas que prometen salvarte a cambio de obediencia. Lo que tienes delante sirve como un mapa.

Existe una demarcación funcional clave: El dogma entrega respuestas cerradas y exige sumisión; el mapa plantea interrogantes y muestra el terreno para que decidas por dónde caminar.

RADIAR tiene como único fin restituirte la autoridad que cediste a otros. Este proceso está diseñado para que dejes de seguir instrucciones ajenas y empieces a escucharte.

Es una estructura de preguntas que opera como tu reflejo. Carezco de tus respuestas. El trabajo, las decisiones y el poder han sido y siguen siendo tuyos. Esta estructura existe solo para que recuerdes que puedes usarla a tu manera y para ir a donde quieras.

La mayoría de los modelos de transformación personal prometen un trayecto recto; comienzas en un punto A, recorres pasos definidos y llegas a una meta B. Esa línea recta suele ser un callejón sin salida porque esconde el verdadero horizonte. En RADIAR, el presente constituye el paisaje.

Funciona desde otra lógica. En lugar de llevarte a un punto final, te devuelve a ti mismo una y otra vez, desde un nivel de comprensión más claro en cada vuelta. Asumir una nueva forma requiere observarse en ciclos sucesivos hasta que las aristas se erosionen. Cada iteración parece colocarte en el mismo sitio, pero la perspectiva se modifica; estás más arriba, con mayor criterio. Lo esencial reside en reconocer que cada regreso a ti mismo abre una capa nueva.

Piensa en una roca a la orilla del mar. La roca se redefine mediante el regreso constante del oleaje, no con un solo impacto. Cada ola vuelve y la golpea; la roca, no huye, permanece y se desgasta en los bordes. El mar la somete a un flujo incesante. Al final, la piedra ha perdido sus puntas de resistencia. Es más suave, más sencilla y fiel a su propia estructura.

Así responde RADIAR. La realidad es un flujo constante y tu capacidad para regresar a la secuencia permite dejar atrás la rigidez. En ese roce inevitable se revela tu esencia sin deformarla. El movimiento reiterado ajusta. Aceptar que el camino puede ser tortuoso quita en parte la obsesión por llegar. Aquí perseguimos la disposición para regresar distinto cada vez, no un estado perfecto y estático.

RADIAR nace de la experiencia concreta. Leer estas páginas de corrido será insuficiente. La transformación auténtica se logra en los actos concretos: el límite que estableces, la palabra que eliges callar o pronunciar, la decisión que venías posponiendo. Esto es eficaz en calma, con registro y honestidad.

El proceso se activa en esos instantes diarios en los que nadie aplaude, pero en los que todo se define. En esos momentos la teoría se convierte en hechos.

Esta práctica tiene estructura. RADIAR consta de seis etapas secuenciales. El orden garantiza que cada movimiento prepare el terreno para el siguiente. Lo que una vez te pareció obvio, en otra fase puede sacudirte. La esencia de la secuencia se profundiza con cada réplica. Cada retorno trae consigo la posibilidad de un entendimiento mayor.

Lo esencial sucede en lo íntimo, y ese trabajo en reserva se filtra inevitablemente hacia afuera. Se nota en la manera en que respondes, en cómo eliges relacionarte y en lo que decides respaldar. Tus actos hablan por sí solos.

RADIAR hace de plano abierto. Recurres a la herramienta porque la nueva situación necesita un nuevo ajuste. La disponibilidad de la transición te permite recalibrar tu punto de referencia. El valor de la guía radica en recordarte que la dirección la eliges tú. Vivimos en una etapa que idolatra lo inmediato; RADIAR insiste en la circularidad, propone pausas y nuevos comienzos si es necesario o quieres abordar algo distinto. El cerebro aprende por etapas. La consolidación llega al regresar.

El nombre no es casual. RADIAR nace de las iniciales de cada etapa: Redescubrimiento, Autenticidad, Despliegue, Integración, Acción, Reafirmación. El proceso completo cabe en una sola palabra que puedes llevar contigo.

RADIAR no tiene graduación ni certificados. Lo único que varía es el modo en que te miras, la manera en que decides y la huella que dejas en tu entorno.

Su potencia reside en liberar el flujo de la competencia y la comparación.

La verificación será simple: ¿Qué ha cambiado en ti?, ¿Qué decisión has dejado de posponer?, ¿Qué relación se ha vuelto más clara?, ¿Qué espacio interno has liberado? Tu realidad es la única evidencia.

¿Estás dispuesto a enfrentarte a lo que has escondido incluso de ti mismo, a ver la escena que has estado evitando y descubrir qué podría salir de ello si la enfrentas?

RADIAR EN UNA PÁGINA

El lector ansioso cambia de objeto.
Lo que evita no es el libro: es la evidencia interna.

Usa esta página como recordatorio, no como condición. Si quieres tener presente el itinerario rápidamente, vuelve a ella.

Es para cuando sientas que has perdido el rumbo o cuando quieras ver las seis etapas de un vistazo antes de empezar una secuencia nueva.

La progresión es cíclica, no lineal. Vuelve a ti mismo en cada vuelta:

1. *Redescubrimiento*: ¿Quién eres sin la figura que representas? ¿Qué quieres en tu vida?

2. *Autenticidad*: ¿Cómo vives siendo esa persona?

3. *Despliegue*: Traduce tu verdad en una acción mínima y comprobable.

4. *Integración*: Deja que lo trabajado se sostenga solo.

5. *Acción*: Mueve algo hacia tu dirección elegida.

6. *Reafirmación*: Sostén lo que te sirve, suelta lo que no.

El ciclo no termina, vuelve cada vez con mayor claridad.

Cómo usarlo: El primer ciclo empieza, sin excepción, en *Redescubrimiento* (1). Primero hay que ver dónde estás, qué vida estás viviendo y qué esquemas estás reiterando antes de seguir adelante.

Luego avanzas en orden: **Autenticidad** (2), **Despliegue** (3), **Integración** (4), **Acción** (5) y **Reafirmación** (6). No tiene sentido saltar de una etapa a otra según el ánimo del día; lo sustenta la secuencia.

En las etapas siguientes, si en *Acción* (5) notas que algo no encaja, no vuelves de golpe al inicio. Primero regresas a *Integración* (4) para revisar si lo nuevo tuvo un espacio cierto en tu vida. Si sigue sin encajar, puedes volver a *Despliegue* (3) para ajustar la acción mínima y, desde allí, retomar la secuencia hacia adelante.

La secuencia importa. Retornar es afinar el proceso para que lo que construyas tenga sentido para ti.

Visualízalo así: Supón que hay algo que dices que te importa y no está en tu agenda. Con RADIAR, primero miras con honestidad qué estás haciendo y qué es lo que de verdad quieres (Redescubrir). Más adelante revisas si tu estilo actual coincide con quien dices que eres (Autenticidad). Desde ese punto eliges una acción mínima y concreta que lo refleje (Despliegue) y le haces lugar en tu vida, ajustando lo necesario (Integración). Luego mueves algo de la estructura, no solo del detalle (Acción). Por último, decides qué se queda, qué sueltas y qué se ajusta para la siguiente secuencia (Reafirmación).

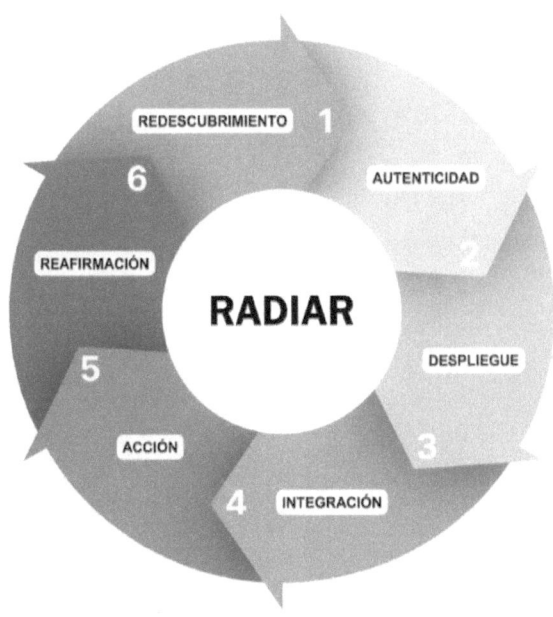

El proceso no termina. Vuelve.

Capítulo 9

Etapa 1: REDESCUBRIMIENTO

¿Quién eres?

No aludo a la versión que muestras en público ni al rol que desempeñas hábilmente para mantener la paz. No hablo de la historia pulida que cuentas cuando alguien te pregunta a qué te dedicas. Hablo de quién eres cuando nadie mira.

¿Qué quieres?

¿Qué te dice esa voz que escuchas cuando estás solo y que a veces cuesta poner en palabras? Te dice que preferirías estar en otra parte, haciendo otra cosa o siendo de otra manera. Es la voz que suena cuando el protagonista se queda sin público.

Sé que este planteo es difícil de abordar porque cuesta responderlo con hechos. Llevas años construyendo una «versión» aceptable de ti mismo, ajustada a lo que se esperaba: el hijo responsable, el empleado eficiente, la pareja comprensiva, el amigo siempre disponible... Cada rol tiene su fachada. Lo sigues con fluidez y responde, hasta que empiezas a sentir una alerta compleja de explicar. Es la sensación de estar representando una existencia sin vivirla.

Respondes como se supone que debes responder y eliges lo que se supone que debes elegir. Al final de cuentas, cuesta ver qué fue de verdad tuyo y qué fue mecánico. Puedes empezar por reconocer si gran parte de lo que haces, piensas y mantienes nació de ti o si lo heredaste y lo cargaste sin dudar.

Para verlo claro, te propongo un ejercicio de honestidad radical. Lo que ha ocupado tu dedicación hoy se puede separar en dos columnas.

La primera columna es lo que dependía de ti: tus decisiones, tus respuestas y tu modo de examinar lo que pasó. La segunda columna es lo que no dependía de ti: la opinión ajena, el resultado final, el pasado, el clima, las elecciones de los demás.

Si quieres, toma una hoja. En la primera columna, anota lo que hoy estuvo en tus manos. Por ejemplo: «Decidí no contestar ese mensaje hasta tener las cosas claras», «elegí salir a caminar en lugar de seguir dando vueltas al mismo tema», «respondí con calma a pesar de que me provocaron». En la segunda, pon lo que escapaba a tu control: «Que mi jefe cambie de opinión», «que ella entienda lo que quise decir», «el desenlace de la entrevista», «lo que pasó ayer» ...

Si descubres que has dedicado más de la mitad de tu energía a la segunda columna, ya encontraste el origen del porqué estás exhausto. Tu logro se debe a que trabajaste en lo imposible, incluso si parece que fue por trabajar mucho. Intentaste mover lo que no se mueve con tu esfuerzo ni con tu voluntad.

La frontera entre ambas columnas es invisible, pero precisa. Cruzarla sin darte cuenta agota como ningún esfuerzo físico logra hacerlo. Lo que no depende de ti carece de solución en ese tiempo. Si diluvia y no tienes techo, no habrá fiesta; lamentarlo no detiene la lluvia, ni quejarse construye un techo. Lamentarte por lo que pudiste hacer ayer tampoco altera el hoy. Lo que queda es pasar página, aprender de lo ocurrido y centrarse en lo posible.

Del lado de lo que no controlas, solo hay espacio para la aceptación. Es lo que es. Del lado de lo que sí controlas, hay decisión. Mezclarlos garantiza el estancamiento.

¿En qué has gastado tu combustible personal hoy tratando de modificar cosas que no dependían de ti?

¿Qué decisión dentro de tu campo de control has evitado por estar enfocado en lo externo?

A menudo brota ese pensamiento recurrente: «No voy a poder con esto». Se hace patente y se instala. Pero ese pensamiento solo es un movimiento mental, no una verdad. Y, así como apareció, puede irse.

La mente genera pensamientos constantemente. El asunto está en tratar todo pensamiento como si fuera un hecho verificable. La mente sirve para ordenar información, resolver problemas y planificar. Cuando cumple esa función, ayuda. Cuando empieza a fabricar historias sin control, cansa y confunde.

Aprender a distinguir entre «esto lo pensé» y «esto es un hecho» transforma la relación contigo mismo. «No voy a poder con esto» es un pensamiento. «Ayer entregué el informe a tiempo» es un hecho. «Siempre me excluyen» es un pensamiento. «En la última entrevista no me llamaron» es un hecho. La distinción parece obvia si lo escribes, pero en la cabeza todo se mezcla. Los pensamientos a veces gritan; los hechos simplemente permanecen.

Redescubrirte exige encarar el dolor, sin forzar el positivismo tóxico que invalida lo que sientes. Usar el «ver el lado bueno» para tapar se convierte en maquillaje emocional que te impide procesar. Apunta a darle a cada cosa su proporción justa: reconocer el estado de las cosas tal cual es, y desde ese punto, si nace, permitirte una interpretación alentadora.

Verlo con nitidez significa registrar lo que hiciste sin adornarlo ni justificarlo. Ayer evitaste esa conversación y hoy volviste al mismo esquema. La semana pasada dijiste que cambiarías algo y aún no lo has ni siquiera empezado. Esos son hechos, no sentencias. Al verlos sin añadirles drama ni culpa, emerge lo necesario para priorizar de otro modo.

Esto es requisito para la contemplación limpia y sin filtros. Admitir dónde estás parado y nombrar lo que evitaste nombrar, trae alivio rápido y precisión. Porque esa precisión permitirá un movimiento efectivo.

Pero el análisis mental solo no basta porque hay un nivel más agudo donde reside el auténtico bloqueo.

La opresión o la desconexión rara vez se anuncian con un cartel luminoso. Entran primero donde no lo esperas: Algo que te impide sentarte a escribir sin filtro; la irritación súbita cuando alguien te dice amablemente «¿cómo estás?» y te das cuenta de que no tienes una respuesta concreta; o la urgencia incontrolable por distraerte justo cuando te vas acercando a algo que te resulta difícil de nombrar.

Esas son las señales. Y, por desgracia, no siempre se manifiestan con la claridad que querríamos. Lo hacen como un zumbido de fondo, como ganas de huir hacia otra actividad o como la debilidad repentina que te aplasta. Reconocerlas es la parte más ardua y necesaria del trabajo. La irritación que sientes tras esa conversación delicada no es aleatoria; es un dato. La culpa, la deriva interior o el desvelo son señales de desajuste entre lo que aprendiste a mostrar y lo que eres hoy.

La cuestión de fondo parte de clasificar erróneamente las emociones como residuos a eliminar, cuando en realidad son mensajeros. Las emociones se nombran. Y cuando lo hacemos por su nombre —sea rabia, miedo, o una alegría intensa que no te permites sentir— dejan de ser niebla para ser algo concreto.

Cuando algo ocurre podemos gestionarlo; lo que niegas u ocultas bajo la alfombra, te gobierna desde la sombra.

Aprendiste que ciertas partes de ti «no debían estar ahí». Por eso las descartaste —no porque estuvieran mal. Esa rabia que no expresabas para ser «bueno», el hastío que disfrazabas de pereza para ser «productivo», o esa sensibilidad que escondías detrás de una coraza para parecer «fuerte». Negarlas no las hizo desaparecer; solamente las empujó al sótano, donde siguen actuando sin que las veas.

El Redescubrimiento pide que bajes a ese sótano. Si reconoces esas partes sin juzgarlas ni idealizarlas, estarás admitiendo que existen. Al dejar de negarlas, pierden el poder que tenían sobre ti y solo entonces puedes optar qué hacer con ellas desde la conciencia, sin tener que reaccionar como un autómata.

No existe un manual de pasos ni un tiempo definido para esto. Está centrado en la observación: Escribir sin filtro lo que ves, registrar las contradicciones que encuentras y, sobre todo, nombrar lo que venías evitando sentir. Lo que importa es la honestidad. Si escribes o piensas para quedar bien contigo mismo, no sirve de nada; si lo haces para saber quién eres, todo se ajusta.

Esta práctica no ofrece respuestas inmediatas, ofrece información. Y con suficientes datos, las respuestas surgen por sí mismas.

La pregunta con la que empezamos sigue en pie: ¿Quién eres?

Ahora ya sabes que responderla no es un acto único, es una práctica continua de observación sincera. Cada vez que regresas a ella, la respuesta se afina. Ese es el trabajo: redescubrirte una y otra vez.

¿Te animas a verte sin la figura que has construido, aunque no te guste todo lo que veas?

EL REGISTRO: Escribir sin filtros

Este registro está pensado como un espacio para ver cómo es, no cómo te gustaría que fuera.

1. **Inventario de vitalidad:** ¿En qué has gastado energía hoy en cosas que no dependían de ti? ¿Qué conversación o tarea te ha dejado más desconectado? ¿Cuál fue la razón?

2. **Hecho frente a historia**: Podrías escribir sobre el pensamiento negativo que más se repitió en ti hoy y pregúntate: ¿Es un hecho 100 % verificable o es una historia que me estoy contando? ¿Qué evidencia objetiva lo contradice?

3. **La emoción como señal**: ¿Qué emoción predominó hoy (irritación, tristeza, culpa)? Sin juzgarla, ¿qué te estaba indicando esa emoción sobre un límite que no pusiste o una expectativa que no dejaste ir?

Capítulo 10

Etapa 2: AUTENTICIDAD

Ya has quitado algunas capas y has reencontrado partes de ti que habías guardado con llave. Ahora enfrentas una cuestión punzante: ¿Cómo vives siendo esa persona en tu día a día?

Una cosa es reconocerse en privado y otra muy distinta es actuar desde ese lugar ante el mundo. Tu búsqueda se desplaza de la mente a la trinchera de tus decisiones cotidianas: en lo que expresas cuando alguien te consulta algo, en lo que callas cuando deberías hablar y en lo que aceptas, incluso si no quieres.

Ser auténtico es un ejercicio de reflexión desapacible que te obliga a revisar lo que ejecutas cuando estás solo. Probablemente ya has sentido la fricción. Estás en una reunión y alguien propone algo que sabes que no dará el final esperado. Lo ves clarísimo, es inviable o no estás de acuerdo. Miras alrededor y ves que todos asienten. Algo en ti calcula rápidamente el precio de disentir, la tensión de tener que explicarlo y el riesgo de parecer conflictivo. Mueves la cabeza, dices «tiene sentido» con un tono convincente y regresas a tu silla con la certeza amarga de haber dejado algo sin decir.

No solo dejaste una idea en el aire; dejaste al mando al actor que asiente para encajar. Ese malestar parte de la disonancia entre lo que se experimenta por dentro y lo que se muestra hacia afuera. Tiene un precio alto que se paga con hastío, tensión y la certeza de no pertenecer ni a un lado ni al otro.

¿Qué de lo que haces responde todavía a la necesidad antigua de ser aceptado?

¿Sigues interpretando un rol solo porque la directriz te suena familiar?

La figura que hoy pesa se construyó ladrillo a ladrillo, como la adaptación a lo que se esperaba de ti. Pensaste que ciertas partes tuyas no eran bienvenidas y las guardaste para protegerte. Te felicitan por el proyecto, sonríes y agradeces; por dentro, te dices: «Si supieran cómo lo hice, no estarían tan impresionados». O al revés: Alguien critica tu trabajo y sientes que te derrumbas, por más que la crítica sea justa, porque el personaje que construiste no tolera la imperfección.

El orgullo no defiende quién eres; defiende la imagen que armaste para que te reciban. Por eso, esas estrategias han devenido en costumbre y la costumbre, en identidad. La construcción de ese personaje es obra del yo inflado. Actúa como una herramienta de supervivencia que se volvió obsoleta, aunque lo confundamos con un enemigo.

Por naturaleza, el ego es rígido, teme desaparecer y solo conoce dos métricas: la seguridad y la aprobación. Por eso se opone a cualquier paso o determinación que no pueda controlar. Él busca que seas seguro y aprobado, no auténtico. Su principal miedo yace en el juicio de los demás, ya que éste amenaza su existencia.

La rigidez y la tensión que cargas no son defectos, son el esfuerzo agotador de tu soberbia por mantener en pie una estructura vieja. Y, cuando la figura falla, tu yo te ataca y te juzga con la misma dureza con la que aprendiste a juzgar a los demás. No es verdad, es hábito.

Por eso el ego también bloquea ciertos actos que interpreta como derrota: pedir perdón cuando te equivocas, admitir que no sabes, cambiar de opinión después de haberla defendido, pedir ayuda cuando tus recursos no bastan. Los disfraza de debilidad para que no los ejecutes. Pero desde la soberanía son exactamente lo contrario: demandan más autoridad interna que mantenerse en la pose. Reconocer un error no te empequeñece; te devuelve la posibilidad de corregirlo. Pedir ayuda no es ceder tu poder; es usarlo. El ego prefiere que te ahogues en silencio antes que admitir que no puedes solo. La soberanía te permite resolver.

Si la seguridad se mide por lo bien que encajas, la falta de confort será la única señal de vitalidad que te quede. Lo que antes era un mecanismo de supervivencia, hoy es el precio de la seguridad. Los «deberías» y «tienes» se han apilado como ladrillos invisibles: deberías agradar, tienes que ser eficiente, deberías silenciar lo que estorba. Sin que te dieras cuenta, el deseo propio se volvió sospechoso y la armonía, un lujo imprudente.

Cuando te detienes, emerge la incógnita que lo modifica todo: ¿Qué pasaría si bajases al protagonista, solo por un momento? Si mostraras lo que piensas, ¿qué es lo peor que podría ocurrir? ¿Y si lo hicieras, qué es lo mejor que podría pasar?

El miedo rara vez es nada más la respuesta del otro. Es uno más severo: es el miedo al vacío. Pasamos tanto tiempo interpretando a la «figura» que creemos que eso es todo lo que somos. Bajarlo es como si desaparecieras. Lo que paraliza reside en la pregunta «¿quién seré si dejo de ser esto?». Es un susto necesario, ya que solo en ese hueco puedes empezar a dar preferencia a aquello que quieres.

Ese impulso que gastas en mantener una versión que no te representa, podrías usarlo para construir un entorno que sí te refleje. La autenticidad exige consistencia con lo que sientes, expresas y ejecutas, no impecabilidad. Ser auténtico se aparta de escupir todo lo que piensas sin filtro; es inclinarse hacia lo que sientes y quieres desde un lugar limpio, no reactivo. La dirección está en la consistencia interna entre tu verdad y tus decisiones.

La gente que se acercaba a ese «tú» complaciente puede que no reconozca al nuevo; algunos se alejarán, otros se abstendrán de emitir sonido y unos pocos se acercarán sabiendo qué es y qué no. Será un ajuste, aun cuando se sienta como una pérdida. Las relaciones que no toleran tu verdad no eran sólidas. Lo que se rompe al ser auténtico es lo que era falso. Así descubres que no todo amerita que te entregues y que no toda unión merece continuar.

Ser genuino te enseña a valorar las cosas por su lógica y sentido, por lo que son, no por su apariencia. Habrá días en que caigas en tu antigua actuación, y eso está bien. Es más importante darte cuenta de eso, que equivocarte. Reconocer cuándo has actuado en tu contra marca la diferencia, porque antes ni siquiera lo advertías.

Cuando dejas de medir tu valor en función del elogio ajeno, aprendes a moverte sin el disfraz. Y cuando el día termina, cuando todo se apaga, queda esa verdad que solo tú conoces. La que no miente. La que sabe si tus acciones de hoy te representaron o te alejaron.

Lo relevante es lo que queda cuando, por fin, hay sosiego. Cuando no hay discursos y entiendes que ser genuino no es llegar a una meta, es dejar de huir.

¿Podrías dar la misma respuesta en la mesa de tu casa que en la reunión de trabajo?

¿Eres la misma persona en todo lo que dices, haces y consientes, y puedes reconocerte en esa coincidencia?

EL REGISTRO: El costo del personaje

La autenticidad se mide por la distancia entre lo que sientes y lo que muestras. Este registro busca medir esa distancia. Si te sirve, puedes usar estas preguntas para ver el sacrificio de ese rol asumido en tu día a día.

1. **La disonancia**: Aquí podrías describir una situación que hayas atravesado hoy o esta semana en el que asentiste por fuera, pero por dentro gritaste «no». ¿Cuál fue el precio directo de mantener ese papel impuesto (tensión, abatimiento, resentimiento)?
2. **El guion heredado**: ¿Qué «debería» o «tengo que» ha guiado tus decisiones hoy? ¿Ese «debería» nació de ti o lo heredaste?
3. **La prueba**: ¿Qué es lo peor que podría haber pasado si hubieras dicho la verdad en esa oportunidad y qué es lo mejor que podrías haber ganado (paz, lucidez, tiempo)? ¿Quién eres cuando cierras la puerta y la audiencia se va?

Capítulo 11

Etapa 3: DESPLIEGUE

Has reconocido quién eres. Has visto la grieta que existe entre lo que dices y lo que haces. Estás en ocasión de actuar. No esperes actos grandiosos ni cambios espectaculares de la noche a la mañana. Te invito ahora a poner el foco en traducir lo que viste en una acción pequeña, concreta y verificable para hoy, momento en el que pasas de la observación al quehacer.

Debes descubrir, en la acción misma, si lo que reconociste en la teoría se apoya en la práctica. Esta etapa se ejecuta como una misión de reconocimiento.

No estás firmando un contrato de por vida, solo estás probándote el traje. Haces un movimiento pequeño para ver cómo responde el entorno y, en especial, para registrar cómo te sientes. Si el resultado no encaja o no te gusta, tienes la libertad de retroceder. Es un experimento.

La tentación más habitual es aplazar. Te dices: «Cuando tenga todo más claro, actuaré». Pero la claridad se afina en el movimiento; rara vez la ves antes.

Puedes escribir páginas enteras sobre tus valores y repetirlos en voz alta, pero hasta que no los pones en acción, siguen siendo solo conceptos abstractos.

Sin soñar con pasos extraordinarios, pregúntate: ¿Qué acto mínimo estás dispuesto a hacer hoy, sabiendo que el pretexto del criterio perfecto te condena a la inacción? Lo primero que descubres al empezar es lo extraño que se siente el cambio. No solo para ti, también para los demás. Si antes decías sí a todo y ahora ensayas un «no», alguien se desconcierta. Si antes callabas y ahora decides hablar, otro se incomoda. Si antes estabas disponible a todas horas y ahora decides no estarlo, alguien puede interpretarlo como un rechazo personal.

La sensación confirma que algo ha mutado. La gente a tu alrededor se acostumbró a una versión tuya y, cuando esa versión evoluciona, algunos lo celebran y otros lo cuestionan. Recuerda que no debes convencer a los demás de tu progreso. Tampoco debes justificar todas tus decisiones ni pedir permiso para actuar; tu progresión te pertenece y habla por sí solo a través de los hechos.

Intentar mostrar una honestidad perfecta te hace caer de nuevo en la mentira de actuar en el rol. Lo auténtico es imperfecto, a veces torpe, pero siempre ajustable. No tienes que demostrar nada. Es una prueba, y una preferencia basta; una por cada valor que definiste como no negociable.

Si tu valor es la salud, una acción podría ser irte a dormir media hora antes. Si tu valor es la honestidad, podría ser corregir una frase que, de haberla dejado pasar, se habría convertido en una excusa. No hace falta más; lo esencial es que ese valor se traduzca en una acción concreta en tu vida.

Si dices que valoras la honestidad, la acción mínima diverge de «ser más honesto» en abstracto. Es algo comprobable, como: «Hoy, cuando me pregunten cómo estoy, voy a responder lo que realmente siento, aunque no suene bien». Si dices que valoras tu tiempo, a cambio de «aprender a decir que no», te propones: «A la próxima invitación que no me interese, voy a declinar sin dar motivos».

Una acción, un día, un valor. Eso es todo. Si encaja bien, lo haces otra vez. Si no, ajustas. Con la iteración, primero se deja una marca y luego se consolida, porque la repetición entrena el carácter. El primer día cuesta, el quinto menos y el décimo ya no lo piensas tanto; simplemente lo haces. En eso consiste el contraste entre ensayar una vez y perseverar.

Es en esa coyuntura cuando la mayoría de las personas abandona. Alguien dice algo. Antes, eso te habría hecho estallar, ceder o callar. Ahora no. Es cuando un breve lapso, milisegundos, imperceptible para quien está fuera, es enorme para ti. En ese espacio caben dos opciones: responder desde el modo heredado o desde lo que has reconocido como propio.

La misma frase de costumbre, el mismo tono, la misma irritación. Responden bien hasta que dejan de hacerlo. Reconocer eso no lo amplía, solo lo hace visible. Y cuando por fin lo comprendes, no importa si es solo una vez: algo se afloja por dentro. La próxima vez que aparezca, podrás elegir con otro criterio.

En ese punto en el que podrías reaccionar como lo haces usualmente y, por el contrario, te detienes, respiras y eliges.

En escenarios como éste, habrá días en los que actúes con más criterio y otros en los que vuelvas a viejas estructuras. Así es el avance.

Muchas veces el intento fallido aporta más información que la perfección, ya que te muestra exactamente dónde siguen trabajando sus vestigios. Un tropezón cumple su propósito si logras seguir adelante luego de la caída, lo que consolida la reestructuración verdadera.

Este despliegue se apoya en tus relaciones, en el ambiente en el que te mueves y en cómo usas tu tiempo.

Ahora el espejo gira. Lo que reconoces afuera además puede morar en ti. Revisar qué vínculos restan en tu vida supone además reconocer si tú mismo estás restando en la vida de alguien más. No somos perfectos. No implica eliminar personas como si fueran obstáculos, solo significa reordenar el sitio; contamos con superficie para todos, pero no todos ocupan la misma posición en tu vida actual.

Tu entorno puede ser un ancla que te mantiene atrapado en la antigua secuencia o una rampa que facilita la transición. Prepara tu territorio para que la nueva acción sea la más fácil de llevar a cabo y la antigua, la más intrincada. Reordenar el entorno puede sentirse como una deslealtad. Ahora bien, realzar lo vivido difiere de aferrarse a lo que ya no encaja. Sin duda habrá tensión. Habrá quien te acuse de ser otra persona. No todos celebrarán tu consistencia, porque en el fondo, cuestiona sus propias decisiones.

Finalmente, está el tiempo en que cada «sí» que das compromete horas que no recuperarás. Cada «no» que pronuncias libera campo íntimo para lo que te importa. Si llenas tu agenda con compromisos que no reflejan lo que quieres, difícilmente tendrás lugar para desarrollar lo que sí es tuyo.

La pregunta de fondo ignora cómo te ven los demás y se centra en qué sientes al terminar el día. Si al terminar tu día sientes el cansancio del trabajo que elegiste, vas por el buen camino. Si lo que sientes es abatimiento, probablemente has cargado con lo que no está destinado a ti.

Cada paso que das, cada relación que reordenas, cada «no» que pronuncias, te devuelve a lo ya recorrido. Te obliga a reexaminar tu vida con nuevos planteos. Lo genuino acontece solo cuando eres capaz de afianzar tus acciones sin espectadores ni aprobación.

En última instancia, la única medida válida es tu sensación interna. ¿Qué pequeño ajuste en tus acciones de hoy haría que esa sensación se incline un poco más hacia la paz que hacia el debilitamiento?

EL REGISTRO: La bajada a lo concreto

El despliegue no es una idea, es un acto. Aquí, el orden interno se convierte en un indicador verificable.

1. **El movimiento inicial**: Puedes definir un valor que sea «no negociable» para ti. ¿Qué paso crees que puedes dar mañana para honrarlo?
2. **El momento de la elección**: Ahora podrías recordar una reacción automática que tuviste hoy (explotar, ceder, callar). ¿En qué momento justo crees que podrías haber optado de manera diferente? ¿Qué podrías hacer la próxima vez que ocurra?
3. **Inventario de relaciones**: ¿Con quién te has sentido más desconectado esta semana luego de hablar? ¿Y cómo eres tú en la vida de los demás: ¿eres el que drena, el que apaga o el que respeta el espacio?

Capítulo 12

Etapa 4: INTEGRACIÓN

Durante la transición entras en una etapa en la cual todo lo trabajado deja de ejecutarse por partes separadas y comienza a moverse como un conjunto sólido. Lo ves en situaciones muy concretas: Seleccionas una palabra con mayor exactitud, te tomas una pausa para respirar antes de responder o pronuncias un «no» firme sin añadir justificaciones innecesarias. Pasa por alto anuncios escandalosos o proezas visibles; emerge y te permite ocupar tu sitio sin conflicto interno. Aunque el entorno mantenga su dificultad, esa fricción externa ya no te fractura por dentro.

¿Dónde notas que algo se ha ordenado, a pesar de que desde afuera no se vea?

A simple vista, nada espectacular. En lo interior, algo se ha ordenado y ha empezado a mantenerse firme por sí solo. Durante mucho tiempo, tu interés estuvo volcado hacia afuera, secuestrado por lo que los otros pensaban, por cómo reaccionaban y por la duda constante de si encajabas o no. Ahora regresas a ti, te quedas y observas. A gran distancia de ser un acto solemne o místico, consiste en un modo práctico de transitar lo cotidiano en ti mismo mientras sigues en relación con el mundo que te rodea.

Al principio, este estado es raro porque estabas habituado a la distracción constante y a llenar las pausas con interferencias. Detenerte y escucharte puede generar una desorientación inicial. Sin embargo, al ser inusual representa la puerta de entrada a decidir desde una lógica distinta de ser y de estar.

¿Qué sucede en tu interior cuando dejas de buscar distracciones?

¿Qué escuchas cuando por fin encuentras silencio?

Cuando intentas cambiar, tu entorno actual reacciona como es habitual. Durante años mantuvo una configuración específica, una estructura previa que has asumido sin cuestionar demasiado. Al introducir algo nuevo, esa estructura se resiste. El hábito calcificado provoca que lo que está en reposo tienda a permanecer en reposo, buscando conservar su estado original.

¿A qué patrón has vuelto recientemente sin darte cuenta, y qué lo detonó?

Aun cuando lo interpretamos como un fracaso personal, solo es el molde intentando mantener su forma conocida. La integración genera que ese molde se ablande, se ajuste y encuentre una nueva configuración que incluya lo que has elegido, sin forzar una redefinición traumática. A veces las personas a tu alrededor se resisten; tu replanteo les muestra su propio estatismo y eso puede derivar en una situación tensa o ser mal recibido.

¿Qué parte de tu rutina actual tendría que ceder para que esto nuevo tenga un ámbito concreto?

Los cambios no se producen de la noche a la mañana. Comienzan cuando adviertes esas pequeñas señales: decisiones más claras, reacciones más suaves, una coordinación interna más firme. El pensamiento, la emoción y la acción empiezan a hablar el mismo idioma. El entendimiento se encarna, deja de ser solo una idea abstracta. Los momentos «ajá» dejan de ser aislados para volverse el curso natural de tus días. Entiendes el sentido de tus decisiones pasadas, qué buscabas y qué te dolía, porque ya lo reconoces en el cuerpo sin la urgencia de analizarlo mentalmente.

Esa perspectiva permite que todo empiece a unirse. Lo que antes eran partes sueltas y desconectadas —la emoción, el pensamiento, los gestos— encuentran su ámbito y su sentido. Comprender significa integrar el instante en que algo encaja sin esfuerzo ni conflicto.

La integración se confirma cuando la decisión deja de dividirnos por dentro. Antes, ser coherente obligaba a gestionar la culpa, el miedo o el debate mental agotador; ahora, esa misma respuesta, sin tensión te da permiso para seguir adelante sin repasar lo sucedido, porque lo que piensas y lo que sientes han dejado de contradecirse.

¿Cuándo sentiste que algo en ti se alineó sin necesidad de dar explicaciones?

A veces descubres que estás actuando de otra manera sin haberlo planeado siquiera. Respondes serenamente donde antes había impulso reactivo; eliges con criterio donde antes había arrastre. Pudo haber pasado que en medio de una conversación tensa alguien te atacó, y en vez de defenderte, automáticamente sentiste cómo tu pecho se expandía con la inhalación. O fue al revisar tu teléfono y darte cuenta de que la urgencia compulsiva por contestar había ya desaparecido.

Este tramo pide una observación honesta, más basada en la dirección que en el imperativo perfeccionista. Consiste en ver qué es viable, qué falla y qué necesita ajuste. Lo esencial es evitar juzgar el procedimiento; lo que todavía no ha encontrado su sitio señala lo que aún queda por ordenar.

La validación externa pierde peso y las comparaciones se disuelven, porque ahora mides tu avance con tu propia vara. Lo cotidiano se vuelve un campo de verificación, no de demostración pública.

La forma del esfuerzo cambia drásticamente; lo que antes requería empuje y fuerza de voluntad, ahora se mantiene naturalmente. La voluntad sigue presente, pero ahora guía, no empuja. Pensar y sentir se acompañan.

El cuerpo se suma a este orden. Deja de reaccionar por impulso defensivo y responde con precisión. Se nota en los hombros, que ya no llevas encogidos en tensión constante; o en la mandíbula, que descansa sin tener que recordarle que se relaje. El cuerpo deja de ser un instrumento de carga para convertirse en parte activa del diálogo.

Incluso los errores adquieren otro sentido; te afinan sin dividirte. La variante radica en la capacidad de retorno después de las caídas.

Por otro lado, las relaciones se reordenan. Lo que se sostenía únicamente por hábito ajusta su dinámica.

El que se queda lo hace por sintonía y afinidad y quien se aleja, lo hace porque su tiempo ha terminado. Solo hay reorganización natural, sin conquista ni ruptura abrupta.

El tiempo deja de ser un enemigo o una deuda pendiente para convertirse en un entorno donde cada cosa encuentra su lugar. Comprendes que lo esencial emerge cuando está listo, sin que haga falta acelerarlo.

El avance se mide por la estabilidad. Habrá días en los que parezca que retrocedes, tropezando con hábitos viejos y reacciones antiguas. Esta vez lo notas y, al notarlo, eliges distinto. Esa capacidad de retorno soporta todo el sistema.

Ya no estás solo frente a ti, estás contigo. La compañía que antes buscabas desesperadamente fuera se vuelve interna. Sigues necesitando a otros, pero ya no te abandonas para tenerlos cerca. Aprendes a confiar en tu propia opinión.

Lo que hoy parece asentado, mañana puede variar, y eso es evolución. Cada ajuste, cada reiteración y cada pausa perfeccionan lo aprendido. La congruencia se integra y ahora la transformación obra por sí sola.

¿Te permites notar estas señales o sigues esperando un giro espectacular que lo confirme todo?

EL REGISTRO: Señales de adecuación

La integración no se fuerza, se reconoce cuando llega. Es el instante en que el recorrido deja de ser un esfuerzo y se convierte en tu estar presente.

1.   **La expresión no planeada**: ¿Qué hiciste esta semana que te sorprendió a ti mismo?

2.   **El criterio encarnado**: ¿Qué «comprendiste» de ti mismo en estos días, hubo alguna sensación física que se sintió como «algo hizo clic»? ¿Qué situación te mostró que el pensamiento y la emoción empezaban a cooperar?

3.   **Tu dirección**: ¿Cuándo has sentido tu cuerpo «en paz» (hombros relajados, respiración profunda, mandíbula suelta)? ¿Qué estabas haciendo (o dejando de hacer) en esa ocasión? ¿Cómo sostendrás tu norte cuando lo externo vuelva a demandar tu disposición?

Capítulo 13

Etapa 5: ACCIÓN

Indefectiblemente, encuentras un punto dentro de la secuencia en el que todo lo que has observado pide materializarse en un paso firme. Muy lejos de requerir un espectáculo público o una demostración, la situación demanda un pequeño desplazamiento estratégico que te acerque a tu objetivo. La acción se define, en esencia, como movimiento con dirección.

Convertir en hechos lo que hasta ahora fue una observación, una elección y una práctica pide orientación interna. No tiene sentido empezar a caminar si ni siquiera tienes una dirección aproximada; si el rumbo sigue siendo una ilusión indefinida, el esfuerzo se disipa en un movimiento estéril que no genera avance cierto.

La distinción: actuar y moverse son cosas distintas. Puedes estar muy ocupado, lleno de tareas, y con todo ir a ninguna parte. Puedes saturar tu día contestando mensajes, asistiendo a reuniones y tachando asuntos pendientes sin moverte un milímetro del punto de partida. Son solo movimientos en falso, nada de trabajo útil, nada de avance.

La acción efectiva pertenece a otra categoría; es ese movimiento específico que sabes que reconfigurará las cosas, y precisamente por su capacidad de reconversión es que genera miedo. La posponemos, la envolvemos en preparativos eternos, hablamos de ella o la analizamos hasta quedar inmóvil. Te encuentras con el contraste entre la acción que preparas para la galería y el movimiento que haces, por más que nadie se entere. La primera busca aplausos; la segunda busca consecuencias.

¿Qué harías si supieras que nadie lo notaría? ¿Qué moverías si no hubiera testigos ni celebraciones?

Justo ahí reside tu acción. El resto es interferencia. Cada día que pasa pensando en tu objetivo sin ejecutar nada confirma tu inmovilización. Aguardar la lucidez total antes de actuar constituye el estado más sofisticado de la pasividad.

Te dices: «Cuando tenga todo más claro, actuaré». Pero la lucidez emerge del movimiento, rara vez del pensamiento estático. Das un paso y el camino y el contexto te muestran qué ajustar. La dirección se ajusta caminando. Incluso, te encuentras con acciones que no ejecutas porque confirmarían algo sobre ti que prefieres no saber. Crees que es miedo al fracaso; cuando en verdad es temor a lo que verías si actuaras adecuadamente. Si das ese paso y el resultado sirve, ya no podrás decirte que no podías. Y ese pretexto te ha servido durante años.

A veces el «no puedo» es un «no quiero» que no te atreves a pronunciar. Decir «no puedo» te deja en el lugar del limitado. Decir «no quiero» te pone en la posición del que elige. Y elegir te hace responsable.

Adicionalmente está lo que perderías si actúas. No lo que ganarías —eso ya lo sabes, por eso te atrae—, sino lo que se desmorona.

Cada acción tiene un precio a pagar que no se deja ver en la fantasía. Si tomas esa decisión, ¿qué versión de ti deja de ser sostenible? ¿Qué relación se tensa? ¿Qué imagen se quiebra?

Ese cálculo lo haces en silencio, rápido, casi sin notarlo. Y después te dices que todavía «no es el momento».

A veces tomas decisiones concretas: El correo postergado por temor a la respuesta o el archivo que podrías abrir para escribir un párrafo imperfecto frente a visualizar el libro ideal. Otras, tienes clara tu dirección, pero la distancia te abruma y el destino lejano te paraliza. Pese a ello, fijar solo el siguiente paso viable transmuta la tensión en tracción. Cuando solo piensas, el desasosiego se queda contigo, te corroe y el tiempo se escurre; cuando actúas, incluso si te equivocas, algo se mueve.

Subsiste un factor sobre el primer paso que pocos mencionan: El obstáculo es físico, no solo mental. Cuando llevas tiempo sin avanzar, el cuerpo y la mente se habitúan a la tranquilidad como estado natural. Romper ese estado duele; la fuerza opuesta aumenta cuanto más tiempo llevas detenido. Si llevas un mes sin escribir, abrir el documento se siente como empujar una pared de hormigón.

Pero ese bloqueo disminuye con cada intento. El primer día es el más duro, el segundo no tanto y el tercero ya es más liviano. Esto pasa porque la repetición le recuerda al cuerpo que puede moverse. Por eso el primer paso es el más importante: rompe el estancamiento.

Cuando tienes claro tu objetivo e identificas lo que te acerca a él, comprendes que no todo movimiento cuenta igual. Ordenar cajones en lugar de escribir o enredarse en correos para no llamar son maneras de evasión activas. Te mueves mucho y sigues sin avanzar. El estado al final del día es un indicador: Terminar cansado y desanclado nos indica movimiento sin rumbo; terminar exhausto, pero en paz indica que lo que hiciste importó.

Lo esencial puede ser tan simple como servir un vaso de agua, tan concreto como cerrar la computadora a la hora propuesta o tan humano como pedir perdón sin rodeos. Moverte con miedo sigue siendo movimiento. La novedad entusiasma, pero dura poco. Por eso ayuda tener un mínimo diario que te mantenga en el camino; algo tan básico que puedas ejecutarlo en tu peor día, cuando todo sale mal y te entran ganas de rendirte.

Si en la etapa de Despliegue probaste la temperatura del agua con la punta del pie, chequeaste el clima y mediste el oleaje, en esta etapa te tiras. Ya no estás evaluando desde el borde; estás adentro. Hay un punto de inflexión en que toda la preparación deja de servir si no saltas.

Puedes seguir midiendo condiciones para siempre, pero el agua solo se conoce cuando te mojas. En ese punto está la diferenciación entre observar y comprometerte. La acción aquí exige compromiso. Tu «mínimo diario» trasciende la prueba: Es el ladrillo que pones cada día, llueva o truene, para levantar la estructura que te sostendrá después.

El momento perfecto —esa fracción de tiempo donde tienes criterio total, tiempo de sobra y energía plena— no existe. El momento perfecto es hoy, con todos tus recursos.

Tu camino empieza con el próximo curso de acción consciente, no en un futuro ideal. Cuando termines de leer esto, la opción de la inercia permanecerá, pero también la posibilidad de hacer algo. El punto clave reside en si eliges empezar, no en si llegarás.

EL REGISTRO: El mínimo que te mueve

La acción es la perspectiva puesta en movimiento. No es la hazaña lo que importa, lo es el acto que rompe el estancamiento o la pasividad.

1. **Dirección frente a actividad**: Si miras tu día con honestidad, ¿qué tarea te hizo sentir «ocupado» pero «perdido» (movimiento sin rumbo)? ¿Y qué acto, por pequeño que fuera, te hizo sentir «cansado» pero «en paz» (movimiento con dirección)?

2. **El precio del arrastre**: ¿Qué acción concreta llevas postergando? ¿Cuánto tiempo más vas a seguir midiendo la temperatura del agua desde el borde?

3. **Tu mínimo viable**: El entusiasmo falla. La disciplina no es constante. ¿Qué acto te acerca a tu objetivo y puedes ejecutar incluso en tu peor día sin que tengas ganas? ¿A qué agua te vas a tirar hoy sin que nadie te vea?

Capítulo 14

Etapa 6: REAFIRMACIÓN

El instante preciso en el que las pruebas empiezan a dar sus frutos asoma. Pese a que no todo funcione todo el tiempo, lo cierto es que algo va quedando firme. Lo verificas físicamente porque tu estado se modifica al ejecutarlo: estás más liviano, más claro, más tú.

La cuestión crítica radica en si vas a convertir esa experiencia que te alineó en tu estructura habitual o si la dejarás como una anécdota aislada.

Probar algo que te aporta es distinto de anclarlo en tu base. Hablo de convertirlo en tu manera de estar mientras siga siendo útil.

Analicemos algo específico, como aprender a decir «no». Lo has probado en distintos escenarios. En algunos, declinar esa reunión innecesaria te trajo alivio. En otros, un «no» brusco rompió algo que querías cuidar. Sabes distinguir perfectamente cuáles se sintieron bien y cuáles te generaron un conflicto. En esa discriminación te reconoces.

El desafío consiste en convertir en propio lo que te ordenó, repitiéndolo hasta hacerlo tu estándar.

A menudo confundimos continuar en lo que funciona con perseverar en lo que ya no sirve. Las cosas cambian. Lo que te nutría hace seis meses puede que hoy te esté drenando. Soltar lo que dejó de responder forma parte esencial de guardar lo que sí importa.

Lo que te salvó en una fase puede convertirse en lo que te atrapa en la siguiente. El límite que pusiste para protegerte se volvió el muro que te aísla. La disciplina que te ordenó se volvió la rigidez que te ahoga. La independencia que conquistaste se convirtió en la incapacidad de pedir ayuda.

Las respuestas suelen tener fecha de caducidad. Lo que funcionó sigue instalado mucho después de haber dejado de servir, y lo defiendes porque admitir que ya no te sirve se siente como traicionar a quien eras cuando lo requerías.

Además, lo sigues afirmando para no admitir que te equivocaste al empezar. Años invertidos en algo que supiste pronto que no formaba parte de ti, pero soltarlo entrañaba reconocer que los has malgastado. Pero insistes y lo llamas perseverancia, cuando en verdad es lealtad a un error que no quieres encarar.

Aún queda otro cepo: mantener públicamente lo que ya soltaste en privado. Sigues hablando de aquello como si te definiera, sigues mostrándolo porque otros esperan verlo, aunque por dentro ya no vive nadie. La coherencia se convierte en cárcel solo cuando da sustento a una estructura vacía únicamente porque cambiar desconcertaría a quienes te miran.

¿Qué sigues cargando por lealtad a quien ya no eres?

Revisar con entereza qué te pesa hoy evita que cargues con lastres innecesarios.

Acciones que al principio demandaban esfuerzo ahora surgen naturalmente. No obstante, cargas con aquello que pensabas propio y resultó ser un mandato exógeno. Insististe en levantarte a las cinco de la mañana porque «se supone» que es el hábito del éxito, hasta que un día lo soltaste y llegó el alivio. Prolongar ciertas cosas por obligación te impide mantener en pie lo que en verdad te refleja. Si cargas con todo, colapsas lo esencial.

El acto de recurrir conscientemente a tu elección se siente en el cuerpo. Esta afirmación deliberada trae orden y dirección, permitiéndote elegir otra vez, incluso si ya lo has hecho mil veces antes.

¿En qué momento de tus rutinas diarias te descubres ausente, y qué te dice esa ausencia?

La integración se demuestra en los días malos. Si abandonas la práctica en cuanto encuentras la primera dificultad o cuando no tienes ganas, es señal de que todavía no terminó de asentarse. Lo que sigues eligiendo a pesar de la inercia es lo que, con el tiempo, se vuelve sólido.

Cuando mantienes tu dirección con perspectiva, el entorno se ajusta. Algunas personas se acercan y otras se alejan. El que esperaba a tu versión anterior se siente un tanto tenso. Tu lógica habla por sí sola. Ese alejamiento aporta información valiosa: Te muestra quién estaba contigo por tu complacencia y quién está contigo por quién eres.

Importa notar que el trabajo invisible que nadie aplaude está en los detalles, en conservar tu dirección los días grises sin testigos ni celebraciones. Lo que pasa en la sombra supera lo público, porque lo haces para ti, no para demostrar algo.

Inevitablemente te equivocarás al determinar qué mantener y qué soltar. Los errores, alejados de la idea de ser un obstáculo, vienen a mostrarte dónde ajustar. Admitirlos como información cambia la perspectiva. El sentido supera a la perfección.

Lo que importa es que, mientras lo hagas, lo adviertas y sepas por qué lo haces, sintiendo que te ordena. Y cuando dejes de hacerlo, tengas el discernimiento para soltarlo y probar otra cosa.

Nada tiene que durar eternamente para tener valor.

¿Qué demanda una revisión honesta en tu situación actual?

¿Qué conservas que ya no te sirve?

EL REGISTRO: Sostener lo que sí funciona

La reafirmación es la elección intencional de repetir lo que te ordena y soltar lo que te pesa. Regresas cuidadosamente a lo esencial para fortalecer tu estructura.

1. **Lo que se queda**: ¿Qué actitud o límite que has probado te ha sido útil y te ha hecho sentir más tú? ¿Qué vas a hacer para convertir esa experiencia aislada en una práctica deliberada?
2. **Lo que se va**: ¿Qué rutina, vínculo o creencia sigues manteniendo por hábito o por obligación, a pesar de que te pese o te drene? ¿Qué decisión o límite te hace más genuino y qué estás dispuesto a soltar para dejar de cargar con lo que no te pertenece?

Sección 3: LA FRICCIÓN DEL CAMINO

Capítulo 15

EL CONTRAGOLPE Y LA RECAÍDA COMO INFORMACIÓN

Si llegaste hasta aquí, ya tienes la secuencia. Tenerla y mantenerla son cosas distintas. Lo que sigue reconoce lo que ocurre cuando intentas aplicar esto en una vida que sigue su curso sin esperarte. La fricción forma parte del camino.

Lo hiciste. Finalmente dijiste «no». Un «no» claro y sin vueltas a algo que durante años te había arrancado un «sí» automático. Colgaste el teléfono. Esperas sentir alivio, una ráfaga de libertad; en cambio te invade una ola de pánico. Sientes acidez de estómago, culpa y tensión en la mandíbula. Tu primer impulso consiste en tomar el teléfono de nuevo, llamar, pedir disculpas y decir que lo has pensado mejor.

Es probable que aparezca un contragolpe, esa reacción visceral de tu antiguo yo ante el cambio. Por más que pueda ser perturbador, funciona como la señal inequívoca que indica que algo se está moviendo. Es el síndrome de abstinencia de tu identidad anterior. Es la resaca física de la honestidad interna y la prueba más clara de que, por fin, has alterado el sistema.

Vale la pena distinguir entre el contragolpe y la mala decisión, a pesar de que al principio se sienten igual. El contragolpe duele, pero no te contradice. Después del malestar queda algo parecido al alivio, una sensación que te sugiere que por fin estás donde debías.

La mala decisión se acarrea igual, y además te aleja de ti. El malestar no cede, el cuerpo sigue protestando, algo en ti sabe que te forzaste a un sitio equivocado. La diferencia yace en lo que queda cuando la tensión baja. Si te sientes más tú, es un contragolpe. Si te sientes más lejos de ti, es un error. El contragolpe es tensión con orden y pasa. La mala decisión es tensión con fractura y se enquista.

La primera línea de defensa está en tu interior. Tu cerebro no está diseñado para hacerte feliz, lo está para mantenerte con vida. Para él, lo conocido —incluso tu sufrimiento conocido o tu función predecible— equivale a seguridad. Tu nuevo «no», ese límite recién estrenado, representa un territorio desconocido y peligroso. Por eso dispara todas las alarmas: ansiedad y miedo. Es tu sistema intentando forzarte a regresar a la jaula segura.

Tienes por otro lado a la culpa. Llevas décadas activo bajo la creencia que sostiene que «ser bueno presupone decir sí». Tu nueva acción choca frontalmente con esa vieja identidad, y te genera contradicción interna. El método más rápido para resolver esa tensión suele ser revertir la acción: reincidir al decir «sí» y pedir perdón por haberte elegido.

Tal vez el trabajo resida en sujetar la culpa sin eliminarla. Puedes sentarte a su lado, reconocerla y optar por no obedecerla, sabiendo que pasará, y tu integridad permanecerá.

El segundo frente de batalla es el externo. Tu entorno mantenía un contrato no escrito contigo. Tenías un rol asignado en ese sistema: el que resuelve problemas, el pacificador, el que siempre cede. Cuando dejas de actuar según ese papel, el sistema entra en crisis e intenta forzarte a retornar a tu sitio. Usarán la culpa («¿Después de todo lo que he hecho por ti?»), etiquetas hirientes («Te has vuelto egoísta»), victimismo («Me estás abandonando») o enfado directo («¿Quién te crees que eres?»).

Esa reacción habla de la figura que dejaste vacante, y poco tiene que ver contigo. Ya no pides convencer a nadie; basta con mantener tu decisión con aplomo.

Y entonces, un día, cedes. Vuelves a caer en el viejo modelo. En esa ocasión, tu narrativa interna te dice que todo esfuerzo es inútil. La verdadera trampa oculta utiliza la reincidencia como pretexto perfecto para abandonar el proceso.

Una recaída se distingue del fracaso; es solo un tropiezo. Sí es eficaz como información, como un evento de aprendizaje, que te muestra en detalle dónde el contragolpe superó a tu convicción. El éxito radica en reconocerte cuando recaes y reevaluarlo a tu propio tiempo, independientemente de cuántas veces caigas. Antes caías y pasaban meses en lo mismo. Ahora caes y te das cuenta pronto. El objetivo es que, eventualmente, caigas y te des cuenta en minutos, respires y elijas de nuevo.

Solemos temerle a la fricción. Pero un coche necesita de la fricción de las ruedas contra el asfalto para avanzar. La resistencia que sientes —ejercida por la culpa y la presión del entorno— te proporciona la tracción necesaria para moverte. Si no la sientes, probablemente sigues quieto en el mismo lugar o alguien te está llevando.

El contragolpe actúa como una prueba de fuego. En contrarrestar el malestar sin traicionarte reside tu vitalidad. Cuando llegue la próxima oleada de culpa o te resistas, ¿qué quieres recordar antes de decidir qué hacer?

EL REGISTRO: Anatomía de la recaída y el contragolpe

1.	**El contragolpe interno**: Puede ayudarte recordar la última vez que intentaste poner un límite y te sentiste culpable o ansioso después. ¿Cuál fue la «historia» exacta que te contaste para justificar esa culpa? ¿Era esa historia un hecho o un miedo?

2.	**El contragolpe externo**: ¿Qué frases o reacciones específicas de tu entorno te hacen dudar de tu transición o te tientan a regresar a tu viejo rol? ¿Esas reacciones buscan tu bienestar o el suyo?

3.	**La recaída como información**: Tal vez te animes a ver tu última insistencia en un viejo patrón, sin juzgarte. ¿Cuál fue el detonante exacto? ¿Qué sentiste justo antes de ceder? ¿Qué información te dio ese evento que necesitas reforzar? ¿Qué harás con esa información? ¿Qué beneficio secundario obtuviste al volver a tu antiguo rol?

Capítulo 16

DEL FRENO NECESARIO A LA TRAMPA DEL PROGRESO

Crecer, avanzar, mejorar. Te dijeron que detenerte era un error y que la vida consistía en sumar éxitos sin parar. Hoy el progreso se ha convertido en una consigna obligatoria. Detrás de esa promesa subyace algo oculto: La emboscada de avanzar sin dirección propia, persiguiendo metas que no nacieron de ti, y que solo vienen de las proyecciones que otros sembraron, y se convirtieron en reglas indiscutibles para ti.

El conflicto aflora cuando la mejora deja de ser una posibilidad para convertirse en un mandato. Bajo esa lógica implacable donde todo debe multiplicarse, rendir y progresar, la prioridad se desplaza: Ya no importa qué construyas, cuenta cuánto acumules.

La calidad cede su espacio ante la obsesión por la cantidad. Y lo que parecía un camino de evolución se convierte en una carrera sin meta final, ya que cada conquista inaugura automáticamente la obligación de la siguiente.

Terminas una tarea y, antes de poder descansar o celebrarla, ya estás planeando la próxima. Te comparas sin descanso, observando quién publica más, quién factura más o quién llega más lejos. Hasta el ocio se vuelve una competencia de rendimiento.

Nos cuesta cuestionarlo porque arrastramos dos creencias fundamentales y erróneas. La primera asume que toda curva vital debería ser lineal y ascendente, sin caídas ni pausas. La segunda dicta que más equivale siempre a mejor. Ambos supuestos son falsos. La realidad es cíclica, compuesta por situaciones de expansión y de repliegue necesario. Y el «más» suele restar; muchas veces significa vaciarse por dentro para llenar el exterior.

Es similar a la cinta transportadora del aeropuerto: Te mueves sin moverte, porque es el suelo el que te arrastra. Te encuentras en un sitio que no elegiste y el vaciamiento se instala mucho antes que la satisfacción. Viene del movimiento sin intención propia y no del esfuerzo en sí.

Muchos temen frenar porque han interiorizado el mandato de que, si dejan de producir, dejan de ser alguien válido. Corren por miedo a perder lo conseguido, a enfrentarse a la soledad interior que se evidencia inevitablemente al soltar, o a que otros avancen mientras ellos se detienen. Entonces acumulas proyectos como si levantaras un muro de protección. Desde fuera pareces imparable, pero por dentro apenas cargas unos ladrillos inestables.

La consigna más despiadada que articula este sistema es la insuficiencia permanente, esa sensación crónica de que «nada es suficiente».

Lo que ayer parecía un sueño cumplido, hoy se vuelve obvio y ya estás mirando el próximo objetivo con ansiedad. El tiempo presente se convierte en un pasillo de transición donde todo parece preparación para otra cosa, para lo siguiente. Vivimos un «mientras tanto» interminable que nos priva de la experiencia.

Si el progreso se ha convertido en una jaula, ¿qué sucede cuando decides abrir la puerta?

La salida requerirá redefinir el movimiento. El avance será aquel que responda a tus valores y te haga más coherente contigo mismo. Desde afuera puede parecer exactamente lo mismo, pero la experiencia interna variará radicalmente. Por eso, el crecimiento prestado no te nutre; en cambio, el auténtico te da paz, incluso si nadie aplaude.

Las señales de desajuste se vuelven evidentes: Necesitas ocultar partes de ti para mantener el ritmo o tu valor personal depende únicamente de las cifras. Esos síntomas muestran que el sistema falla.

Bajar la velocidad te obliga a plantearte lo que la urgencia suele silenciar: ¿Esto que hago me representa? ¿Esta meta es mía o la adopté para pertenecer? ¿Este esfuerzo honra lo que valoro o lo traiciona? Dilemas de este calibre demandan serenidad, no carreras. Y a veces, la respuesta más coherente determina hacer menos, porque una pausa oportuna ahorra años de esfuerzo mal dirigido.

Al detenerte, te plantearás interrogantes: «¿Por qué parar si todo marcha bien?» o «¿Cómo vas a soltar algo que por fin conseguiste?». Esas voces intentan protegerte desde el miedo. La pregunta central es: ¿A quién le debe lealtad tu vida?

Tienes otra manera de hacer las cuentas. Sin medir las metas que alcanzaste, puedes escrutar cuántas veces actuaste conforme a tus creencias o tus valores, incluso cuando no te convenía.

Por otro lado, opta por dejar de contar tareas completadas, y enfocarse en la consistencia. Avanzar significa exponerse menos, proteger más y cuidar lo esencial. Lo que perdura es lo que mejor se alimenta, no lo que más resplandece.

Si alguien te dijera: «¿Y ahora qué sigue?», la respuesta legítima podría ser: seguir haciendo menos, seguir resistiendo o cuidar lo que ya elegí. El mundo seguirá girando aunque tú desaceleres; y lo que no sobrevivirá si no lo proteges será tu unidad interna y tu paz. La realidad rara vez nos propone hacer más. A veces implica ir hacia el centro lo suficiente como para persistir con dignidad en lo que ya hemos elegido.

¿Te atreves a desacelerar y sujetar, o seguirás acumulando conquistas como paredes que ocultan tu encierro?

En ese lugar la acumulación cede paso al sentido.

Cuando sueltes la urgencia de desarrollarte hacia afuera, ¿qué evolucionará hacia dentro?

Capítulo 17

COHERENCIA IRRADIADA (EL EFECTO BOOMERANG)

Has completado las seis etapas. Lo que ocurrió dentro inevitablemente se proyecta hacia afuera. Al dejar de mentirte a ti mismo, dejas de mentir a los demás. Cuando te respetas, el respeto hacia otros surge como consecuencia natural. Al vivir tu propia vida, permites que los demás vivan la suya sin interferencias.

El avance carece de final. RADIAR se modula como una fase que se repite ante cada situación inédita, conflictos distintos, bloqueos que creías superados o versiones actualizadas de los mismos enredos mentales.

La divergencia está en la consciencia: Antes vivías en piloto automático, sin darte cuenta de cuándo te traicionabas; ahora lo sientes en el cuerpo y tienes la capacidad de regresar. Has perdido el privilegio de la ignorancia.

El espejo que dejaste de empañar

Al dejar de exigirte perfección, se afloja la forma en que ves a los demás. Las contradicciones de los otros dejan de molestarte porque conoces muy bien las tuyas. Comprendes que incluso aquellos que tienes enfrente cargan con sus máscaras, con sus evasiones y con ciclos que todavía no han logrado cerrar.

Están en su propia evolución, igual que tú estás en la tuya. Sus reacciones dejan de sentirse como ataques personales; incluso es probable que intuyas que esa persona está atravesando una batalla interna. La relación cambia porque tú cambiaste primero.

No todo se vuelve más fácil. Habrá quien no se dé cuenta de tu metamorfosis o el que la rechace porque le molesta. Habrá conversaciones que antes evitabas y ahora sí mantienes con firmeza, y otras que descubres que no tenían razón de ser. El cambio reside en el entorno desde donde eliges; lo que la otra persona haga con eso, le pertenece exclusivamente a ella.

Los actos que nadie aplaude

En el trabajo se refleja tu nueva manera de responder bajo presión. Mientras antes saltabas a defenderte, a demostrar o a justificar, ahora haces una pausa deliberada que te permite determinar cómo seguir. Escuchas antes de reaccionar. Dices «no sé» cuando no sabes. Callas cuando tu aporte es innecesario y reconoces un error sin dudarlo.

Esa calma nace de haber hecho las paces contigo mismo. A diario se revela en los detalles minúsculos que suelen pasar desapercibidos: Cierras una puerta con cuidado en lugar de dar un portazo, contestas un mensaje sin descargar tu frustración en el destinatario, hablas de alguien ausente sin recurrir a la crítica fácil.

Todo eso demuestra si lo que has trabajado se incorporó en ti. Cuando vives así, abres una posibilidad para alguien más. En algún momento encontrarás a quien te vea afirmar un límite con calma y entienda que es posible; por otro lado, estará el que lo vea como una provocación. Si bien controlar cómo lo reciben escapa a tu poder, sí controlas cómo actúas ahora.

Sin garantías

Vivir conforme a tus valores o deseos no ofrece garantía de que las cosas vayan a mejorar o empeorar. Podría pasar que actúes con total armonía y que tu círculo cercano siga esperando a tu yo anterior. Puedes ser honesto y que un lazo se rompa precisamente por esa honestidad.

Es posible que alguien se acerque o se aleje; esto queda fuera de tu control. Lo que das vuelve, no exactamente como lo esperabas. Lo decisivo es la prueba de fuego: cuando das lo mejor de ti y el otro no responde, cuando tu cambio no es aceptado, o en vez de inspirar, el cambio te cuesta una relación que creías segura.

Así descubres el sentido de todo este trabajo: Saber si lo hiciste para obtener algo a cambio o para vivir de una manera que puedas sostener cuando nadie mira. Lo que haces contigo determina la calidad de tu relación con todo lo demás. La transformación sucede en tu interior, se extiende hacia afuera y reorganiza tu entorno, permitiéndote transitar una existencia que finalmente te pertenece.

Capítulo 18

RESPETO RADICAL (LA COEXISTENCIA SIN INVADIR)

Cuando cuidarte deja de ser una consigna teórica y se convierte en una práctica efectiva, el otro deja de ser una amenaza y vuelve a ser una persona. Desde esa posición, la convivencia depende en gran medida de que el trato no invada, más que de la coincidencia de pensamiento. Eso es respeto.

El respeto sirve como la base de la libertad compartida; conlleva reconocer que nadie posee la verdad absoluta y que la convivencia es posible sin que sea necesario someter al otro. La empatía hace el esfuerzo por entender por qué piensas como piensas; el respeto da un paso más al reconocer tu derecho a pensar diferente, incluso en el desacuerdo.

La falta de consideración activa se ha normalizado bajo el disfraz de la «tolerancia».

Tolerar ahora suena a «aguante», a soportar lo inevitable. El reconocimiento opera desde otro ángulo, ya que acepta de raíz que tienes tanto derecho como yo a existir y a elegir desde otro lugar.

Para quien lleva aún el interior desordenado es imprescindible imponerse para sentir que vale. Es su vacío existencial el que busca ser rellenado. Invadir con bullicio, con opinión, con una notoriedad que nadie pidió se convierte en el modo más ordinario de querer confirmar que existes cuando todavía te falta algo adentro.

En las redes sociales, la conversación se convierte en un ring donde se lee para encontrar el punto débil del otro, y no la comprensión. La indignación retiene; la calma, suelta; y la polarización, si bien es rentable, empobrece el diálogo.

La invasión trasciende lo digital y coloniza lo físico. Estás en la sala de espera de un hospital, en una consulta o en la oficina, y alguien empieza a reproducir vídeos en el teléfono con el volumen al máximo. Nadie lo pidió, pero todos nos vemos obligados a escucharlo. Ocurre igual en un lugar de esparcimiento público, al que, a lo mejor, llegas buscando paz y descanso, y de pronto un altavoz impone su propia banda sonora, borrando de golpe el paisaje compartido. Si alguien se atreve a señalarlo, la respuesta suele ser subir aún más el volumen, replicando la apuesta.

El volumen alto, el mensaje que espera respuesta inmediata, ganar cada discusión: son síntomas del mismo origen. El que actúa desde la suficiencia prescinde de imponerse. Le permite respirar porque ya se dio a sí mismo lo que antes buscaba en el otro.

En esas situaciones es fácil verse como víctima. De todas formas, has de preguntarte cuándo has sido tú quien ha contaminado el espacio común de alguna forma, con ruido o cualquier otra irrupción, amparado en la afirmación de que «tienes derecho a hacer lo que quieras» o en la «indiferencia» hacia el entorno.

Poner la casa en orden empieza en cada metro cuadrado que compartimos con otras personas, si lo preservas o lo degradas, antes que en los grandes discursos sobre el planeta.

Atravesamos un tiempo histórico en términos tecnológicos. Podemos hablar con alguien al otro lado del mundo, acceder a casi cualquier dato en segundos y automatizar tareas complejas. Mientras las herramientas se refinan, el trato humano se erosiona.

Se pierden, poco a poco, los modales básicos, la consideración por el otro y la capacidad de estar presentes ante lo que tenemos delante. La dualidad es evidente: Cuanto más sofisticadas son las herramientas, más fácil parece olvidarse de lo elemental en el modo de tratarnos. La tecnología amplifica lo que hacemos con ella; el riesgo radica en olvidar lo básico al usarla.

Vale la pena detenerse a observar cómo saludas, si miras a quién tienes delante, si analizas lo que pasa en esa reunión, si dejas de perderte en la pantalla, si cuidas el ambiente que compartes o si recuerdas que al otro lado del dispositivo hay alguien como tú.

Al alejarnos de lo esencial y del otro, normalizamos un modo de vivir donde se espera todo ya, convirtiendo cualquier demora en una falta y la impaciencia en costumbre. La prisa se ha vuelto norma. Vivimos bajo la lógica de la respuesta inmediata: Envías un mensaje y, si no tienes respuesta en dos minutos, surge la sospecha. Esta instantaneidad permanente convierte cualquier pausa en una ofensa y cualquier mutismo en un conflicto. Confundimos disponibilidad continua con interés, y respeto con responder en ese preciso instante, ignorando que el otro puede estar ocupado o no querer responder.

¿De verdad hemos perdido la capacidad de ser empáticos o solo hemos dejado de practicarla en lo cotidiano?

Aquí se cierra el círculo. El trabajo íntimo termina irradiándose. Cuando dejas de actuar desde la carencia, el estar con otros se modifica fácilmente. Ni por asomo es disciplina o buena educación, es la consecuencia natural de poder sostenerte por ti mismo.

La verdadera revolución es silenciosa: Cuando suficientes individuos ordenan su interior, la convivencia se redefine sin imponer reglas. El cambio colectivo empieza en cada uno de nosotros.

El respeto se prueba en los actos que llevamos a cabo a diario, no en las ideas. Observa el entorno que compartes: ¿Lo cuidas o lo invades? Practicar el respeto requiere paciencia y confianza en uno mismo. Coexistir sin invadir basta; no hace falta vencer a nadie ni pelear. Al fin y al cabo, es imperioso reconocernos como iguales, como personas, va por encima de coincidir en todo.

¿Qué acto concreto de respeto estás dispuesto a experimentar hoy, sabiendo que la manera en que tratas a otros define el tamaño de tu libertad?

Capítulo 19

EXPECTATIVAS, CONTRATOS SILENCIOSOS Y NO NEGOCIABLES

Lo que prevés de los demás se basa en episodios muy concretos. Sabes qué harías tú si te confiaran algo: Evitarías poner en peligro la vida de alguien, usarías la confianza depositada para cuidar no para obtener ventajas, cumplirías tu palabra y protegerías lo que te han entregado.

Cuando esperas lealtad, es porque tú la darías; cuando supones discreción, asumes que el otro callaría igual que tú incluso cuando le convendría hablar. Esperas que alguien cuide de lo que le confiaste —una conversación, un proyecto, una ilusión— porque tú lo cuidarías con hechos.

Esas expectativas hablan de tu estructura interna. Muestran qué consideras básico, qué líneas rojas te resultan infranqueables y qué actos consideras impensables. Lo que para ti es de sentido común parece tan evidente que ni siquiera lo nombras; explicar por qué ciertas cosas no se hacen te suena exagerado, casi ofensivo.

Ahí es donde empieza la cuestión. Damos por hecho que los demás están construidos con el mismo programa y ven lo mismo que nosotros. Y, como lo asumimos, no decimos nada. Dejamos de nombrar lo sagrado por considerarlo innecesario. Esa mezcla de obviedad y mutismo engendra el contrato silencioso: un acuerdo que firmas solo, convencido de que el otro piensa y siente igual que tú, aunque nadie lo haya hablado.

Cuando la otra persona actúa desde sus propios códigos y cruza un límite que ella no tiene, vives esa acción como una traición. Él siente que no ha hecho nada grave, pero tú sientes que ha roto algo irreparable. En ese instante se quiebra la confianza y, sobre todo, la ilusión de compatibilidad. Descubres que la otra persona se maneja distinto y que lo intocable para ti, para ella era opcional.

Ese descubrimiento te afecta de una manera muy particular. A menudo falta la voluntad de dañar; es solo alguien moviéndose desde su normalidad, sin medir el peso que esa acción tenía para ti. La ira o la impotencia se mezclan con el desconcierto y cuesta ponerle nombre a lo que pasó, porque es delicado acusar de mala fe a esa persona que ni siquiera sabía que pisaba terreno sagrado.

¿Te ha pasado que alguien cruzó un límite que no pensaste que había que explicar en voz alta?

148

La primera reacción suele ser el golpe: la sorpresa, el enojo, la sensación de desamparo. Tras el impacto, se revela algo útil: la información. Esa persona acaba de mostrarte cómo resuelve a través de sus acciones, con lo que hizo cuando tuvo la oportunidad de trazar un rumbo. Te ha enseñado lo que ignora, lo que no ve y lo que es ingrávido en su balanza interna.

Más allá de reducir todo a si es una «buena» o «mala» persona, conviene analizarlo desde el comportamiento: ¿Su manera de actuar encaja con la tuya? La gente se divide entre quienes pueden mantener una relación donde tus límites caben y quienes no. Lo que descubres es distancia, la contraposición entre su manera de estar en el mundo y la tuya. Esa distancia ya estaba; solo que ahora se ha hecho visible.

Reconocer las señales

El contrato silencioso rara vez se origina de la noche a la mañana. Hubo señales previas: comentarios al pasar, cómo se dirige y cómo habla de otras personas, cómo maneja lo que le confiaron o cómo reacciona cuando algo le es conveniente, por más que sea incorrecto. Pequeños detalles que a menudo elegimos minimizar para seguir adelante sin cuestionar la relación.

Cuando finalmente hace algo que ya no puedes ignorar y aun así te hiere, la sorpresa es relativa. Por más que en algún lugar de ti ya lo sabías; seguramente lo viste en detalles que decidiste ignorar para evitar decidir entre hablar, poner un límite o alejarte. Tratar esas señales de manera directa constituye un acto de honestidad contigo mismo, no de paranoia.

¿Qué patrones sigues justificando que chocan de frente con lo que dices valorar? ¿Qué detalles estás dejando pasar para no tener que tomar una decisión?

Ajustar exigencias

Controlar la forma de actuar de la otra persona escapa de nuestras manos. Lo que sí te pertenece es la respuesta a una pregunta simple pero a la vez crítica: ¿Qué vas a hacer con lo que sabes ahora?

Puedes insistir en pretender algo de esa persona que no puede o no quiere darte. Esa opción mantiene el contrato silencioso, relacionándote con la versión idealizada que creaste la cual es diferente de la persona que tienes delante. O bien puedes adecuar tus exigencias a lo cierto de sus actos. Eso no baja tus estándares. Dejas de pedir peras a un árbol que no las da.

En ocasiones, el ajuste es práctico: Dejas de confiarle ciertas cosas, limitas su acceso a tu vida y calibras mejor hasta dónde llegas. Otras, el ajuste es radical: Eliges tomar distancia, sin encono, porque quedarte supondría traicionarte o verías que esa relación solo puede existir si sacrificas demasiado de lo esencial.

Nuestros puntos ciegos

Hasta aquí es fácil pensar en los demás. Ahora bien, está la otra parte que no tenemos en cuenta: Nosotros podemos ser el «otro» de alguien.

Asimismo, nosotros hemos cruzado límites sin darnos cuenta, hemos usado información que creímos inofensiva y hemos minimizado algo vital para alguien más; hasta hemos decepcionado sin intención.

Cuando estás en esa situación, sientes la tentación de justificarte: «No sabía», «No imaginé que...», «Si lo hubiera sabido, no lo habría hecho». Son las mismas frases que te suenan pobres cuando te las dicen a ti. Reparar en nuestros propios puntos ciegos nos hace coherentes y conscientes. Nos recuerda que no somos el centro moral del universo y que, al igual que los demás, estamos aprendiendo a calibrar el peso de nuestros actos en la vida de los demás.

La próxima vez que alguien cruce uno de tus límites, podrás igualmente ver, junto con el dolor, la humanidad compartida: Todos somos capaces de herir sin darnos cuenta. Es el turno de ponernos en el lugar del otro.

Definir tus no negociables

En medio de todo esto, tienes aquello que para ti es irrenunciable: Son los valores y límites que no estás dispuesto a sacrificar para mantener una relación, un proyecto o una pertenencia. Responden como un recordatorio para ti y no se limitan a una lista de requisitos para los demás; son tus límites.

Los no negociables señalan el punto a partir del cual, si sigues cediendo, dejas de reconocerte y respetarte. Cada vez que doblas uno de tus principios «por esta vez», la relación parece ganar, pero tú pierdes algo propio. No es inmediato, se suma poco a poco. Cedes un comentario, una falta de respeto, una deslealtad, una omisión grave. Lo llamas tolerancia, paciencia, criterio.

Un día llega la factura; te miras y no entiendes cómo has podido acostumbrarte a menos de lo que consideras digno. Ese es el momento en el que empiezas a definir cuáles son tus verdaderos intocables. Un valor cuenta cuando estás dispuesto a defenderlo, aun cuando te cueste: perder una relación, renunciar a una oportunidad, quedarte fuera. Lo demás es retórica.

Podrías preguntarte honestamente: ¿Los aplicas en ambas direcciones? Demandar respeto, cuidado y lealtad te obliga a ofrecerlos con la misma firmeza.

Relaciones sin contratos silenciosos

Salir de este tipo de contratos difiere de tornarse desconfiado o blindarse. La respuesta es menos complicada de lo que creemos: hablar claro y escuchar de verdad. Hablar claro consiste en atreverte a expresar con sinceridad lo que es importante para ti, sin exagerar, sin defenderte, ni esperar tampoco que la otra persona lo adivine.

Tiene que ver con dejar de jugar a las suposiciones, no con leer un reglamento. Por ejemplo: «Para mí esto es un límite», «Con esto no puedo», «Si pasa tal cosa, me voy a alejar». Puede resultar poco confortable, pero ahorra años de malentendidos.

Escuchar de verdad permite que la otra persona también exprese sus propios límites, pese a que no coincidan con los tuyos. A veces descubrirás que son compatibles y podrán construir algo sobre esa base. Otras veces, verás que la distancia es excesivamente grande. En ambos casos, el criterio es un acto de respeto porque nadie firma un contrato invisible; ambos saben qué eligen.

La soberanía personal se juega tanto en las grandes decisiones como en la gestión de las suposiciones en las relaciones. Decides si sigues firmando acuerdos que el otro no firmó o si te atreves a construir relaciones donde lo importante se dice, se escucha y se respalda.

Al final, importa más qué haces con lo que esperas que lo que esperas de los demás: ¿Lo conviertes en un contrato silencioso que te deja a merced de la decepción o en un acuerdo en el que puedas estar sin traicionarte o traicionar?

Entender la naturaleza de estos contratos es el puente final entre tu verdad interna y el mundo exterior. La soberanía personal se completa solo cuando dejas de pedir permiso para ser quién eres, aun en tus vínculos más cercanos, y te atreves a sostener tus no negociables frente a la vista del otro. Con el mapa de tus relaciones ya despejado de suposiciones, quedas situado frente al hecho definitivo: La responsabilidad total de tu dirección en un escenario donde ya no puedes usar la ignorancia como coartada.

EL ÚLTIMO ACTO DE ELECCIÓN

Acabas de cerrar una hoja de ruta, no un libro de cuentos. Aquí no vas a encontrar la calma definitiva ni una solución permanente a tus problemas o conflictos. Este libro no es una vacuna contra la inercia; el efecto se pasa si no lo aplicas. Lo que tienes entre manos es una herramienta, un instrumento de orientación para usarlo justo cuando el personaje intente apoderarse de la función nuevamente.

Probablemente, la ilusión de un final feliz es lo que te ha traído hasta aquí. Sin embargo, la cruda verdad es que el final feliz no existe; lo único que hay es la elección continua y deliberada.

Mañana, cuando despiertes, el entorno seguirá siendo exactamente el mismo. Las demandas externas no habrán bajado el volumen y la tentación de virar a tu antiguo rol será altísima, porque acaba siendo más cómodo y conocido.

La diferencia se halla en que ahora la ignorancia ya no te sirve de coartada válida. Antes obedecías porque no veías los hilos que te movían; ahora los ves y los sientes.

La clave: Regresas a tu presente con la trayectoria en la mano. Volverás a dar preferencia a la respuesta fácil muchas veces, sentirás confusión y reconocerás el precio a pagar. El trabajo consistirá en reconocer la trampa más rápido y salir de ella lo antes posible, más que en evitar el error por completo.

Mantenerse exige una fuerza especial que no hace alarde. Será la tenacidad de los días comunes, distante de la euforia de los inicios; en los que habrá circunstancias en las que desearás no saber lo que sabes; instantes en los que la obediencia parecerá un descanso tentador frente a la responsabilidad agotadora de decidir.

Pero no te confundas: El alivio de obedecer dura apenas un minuto; el precio de traicionarse se queda contigo. Tu única métrica válida para medir el éxito es tu autogobierno, no la riqueza ni el reconocimiento externo. Es ese estado de plenitud, complejo de explicar con palabras, pero que reconoces enseguida cuando lo alcanzas.

Cada día es una nueva oportunidad para comprar o vender tu autonomía. El ego te dirá que la vendas a cambio de seguridad. La sociedad te presionará para que lo hagas a cambio de aceptación. Esto es un recordatorio para que puedas responder con firmeza que «el precio es demasiado alto».

La pérdida de autoridad se siente como la lenta erosión de la confianza en ti mismo.

La revolución del respeto que discutimos deja de ser una teoría para convertirse en el resultado donde convivan suficientes individuos que eligen su verdad sin imponerla. El respeto cumple con el desenlace inevitable de la honestidad, no como un lujo moral.

El plano está en tus manos. La vida que tienes, con sus imperfecciones, fricciones y desafíos, es esta. Carece de relevancia si el camino será fácil. El interrogante es si tu vida será mejor si no lo recorres.

Elige.

AGRADECIMIENTOS

A *Sebastián*, por apoyarme siempre, aun cuando este libro era apenas una idea.

A *Teresa Baró*, por la honra de su tiempo y su generosidad, y por el privilegio de contar con su prólogo.

A mi familia y a mis amigos.

A todas las personas con las que me he cruzado en estos años: a las que fueron faro y a las que fueron advertencia, a las que abrieron puertas y a las que las cerraron. Este libro fue escrito teniéndolas a todas en mente.

SOBRE LA AUTORA

Andrea Alvarado se formó como abogada y es empresaria. Su paso por el derecho le dio disciplina intelectual, rigor analítico y consideración a lo que otros omiten.

RADIAR nace desde esa perspectiva: Observar, distinguir y comprender dinámicas de cambio —propias y ajenas— con la certeza de que la única autoridad válida es la interna.

No pretende enseñar. Escribe para quienes prefieren pensar y hacerse planteamientos antes que seguir fórmulas o aceptar promesas de soluciones rápidas.

Si este trabajo te dejó pensando y quieres seguir el hilo, puedes escanear este código.

Te llevará a un sitio donde encontrarás contenido relacionado y las actualizaciones que vayan naciendo a partir de aquí.

GLOSARIO DE CONCEPTOS CLAVE

ACCIÓN Movimiento con dirección (Etapa 5). Es el paso específico y estratégico que rompe el estancamiento y acerca al objetivo esperado. Transforma la incertidumbre en tracción mediante el compromiso, aun cuando el miedo sigue ahí.

AUTENTICIDAD La consistencia entre lo que sientes y lo que haces (Etapa 2). Es la capacidad de asumir el costo de tu verdad y elegir desde un lugar limpio y no reactivo. Se mide por la disminución de la tensión interna.

AUTOGOBIERNO (MÉTRICA EFECTIVA) La única medida válida de éxito. Es la capacidad de sostener tu criterio y tus límites frente a la presión externa, priorizando la cohesión interna sobre la riqueza o el reconocimiento.

COHERENCIA IRRADIADA El principio de proyección interna. Al ordenar el mundo interior, cambian naturalmente tus decisiones y tus límites. Esa nueva configuración modifica inevitablemente tu entorno, aunque no siempre igual que habías imaginado.

CONTRAGOLPE La reacción visceral (ansiedad, culpa, pánico) que aparece tras tomar una decisión liberadora. Es el «síndrome de abstinencia» de la vieja identidad y la prueba física de que el sistema ha sido alterado exitosamente.

CONTRATOS SILENCIOSOS Acuerdos imaginarios firmados en solitario. Surgen al asumir que la otra persona comparte los mismos códigos y valores sin haberlo hablado. Son una de las fuentes más frecuentes de decepción y sensación de traición en las relaciones.

COSTO DE NO ELEGIR El precio invisible de la pasividad. Es la fractura interna que tiene lugar cada vez que se delega una decisión en otros o en el tiempo. Lleva aparejada la renuncia a la responsabilidad propia y, con ella, a la agencia personal. Se paga con la pérdida de identidad propia por sostener una vida ajena.

CUENTA CON SALDO LIMITADO Lo concreto del tiempo y la energía vital. Son recursos finitos que se gastan sin retorno. Requiere vivir con consciencia para invertir el capital en lo esencial.

DESPLIEGUE La materialización de la teoría (Etapa 3). Consiste en traducir el plan en un acto mínimo y verificable para probar la solidez de la propia verdad ante el contacto con la realidad.

DISCERNIMIENTO La habilidad de identificar la naturaleza de la quietud. Distingue la prudencia (espera madurativa) del miedo (parálisis) a través del análisis honesto del historial de decisiones.

FRICCIÓN La resistencia necesaria para avanzar. Es el contacto con ciertas circunstancias (culpa interna, entorno, etc.) que proporcionan la tracción para moverse, igual que las ruedas requieren fricción contra el asfalto para girar.

GUIONES AJENOS Esquemas de éxito heredados de la familia o la sociedad. Su cumplimiento garantiza aprobación externa, pero a costa de la incongruencia por vivir una vida ajena.

GURÚ QUE TE NECESITA PERDIDO, EL Figura o sistema cuyo negocio se sustenta en la insuficiencia del individuo. Comercializa fórmulas mágicas para mantener un período de dependencia y anular el criterio propio del seguidor.

INTEGRACIÓN El estado de fluidez en el cambio (Etapa 4). Ocurre cuando la nueva manera de actuar se vuelve natural y la decisión correcta surge sin debate mental. La fricción externa sigue existiendo, pero ya no te fractura por dentro.

MÍNIMO QUE TE MUEVE (MÍNIMO VIABLE) La acción ejecutable incluso en el peor día. Es la estrategia base para vencer la inconsistencia y construir la disciplina independientemente de la motivación.

NO NEGOCIABLES Los límites que definen la dignidad personal. Son los valores que se defienden asumiendo el sacrificio de perder una relación, trabajo o dinero para evitar la auto-traición.

PRECEDENTES Mecanismos internos de defensa (miedo, lealtad, hábito) que se activan ante la posibilidad de cambio. Son respuestas antiguas que protegieron en el pasado pero que hoy estorban la autonomía.

RADIAR En el contexto del proceso significa dejar de ser un receptor pasivo de señales ajenas para convertirse en un emisor activo de la propia frecuencia. Es la capacidad de proyectar el orden interno con tal claridad que la identidad organiza el entorno sin necesidad de imponer, convencer o explicar.

REAFIRMACIÓN La decisión consciente de estandarizar el bienestar (Etapa 6). Convierte lo que te hace bien en una estructura habitual y permite soltar lo que ya cumplió su ciclo.

RECAÍDA COMO INFORMACIÓN El tropiezo visto como dato útil. Señala el punto exacto donde la convicción fue más débil que el hábito, permitiendo adaptar la estrategia para el siguiente intento.

REDESCUBRIMIENTO El acto de quitarse las capas de adaptación (Etapa 1). En sentido figurativo, es mirarse al espejo para ver quién se es verdaderamente y qué se desea cuando nadie mira y ya no se está intentando agradar a alguien.

REGISTRO, EL La herramienta de aterrizaje. Espacio de escritura sin filtro diseñado para reformular la reflexión abstracta en datos concretos sobre el propio estado de las cosas. Es el antídoto contra la lectura pasiva.

RESPETO RADICAL La base de la convivencia adulta. Acepta el derecho del otro a ser diferente y permite la convivencia desde la premisa de no invasión.

SOBERANÍA PERSONAL La autoridad suprema sobre la propia vida. Es la capacidad de decidir, actuar y asumir las consecuencias desde la validación interna exclusiva. No se concede desde fuera, se recuerda.

TERRITORIO SEGURO El apego a lo conocido por el simple hecho de ser predecible. Es la inercia que confunde la familiaridad y la ausencia de riesgo con la felicidad o la paz.

TRAMPA DEL PROGRESO La creencia de que siempre se debe estar «mejorando» o produciendo más. Obliga a vivir en el futuro y vacía el interior para llenar expectativas externas de crecimiento infinito.

www.ingramcontent.com/pod-product-compliance
Lightning Source LLC
Chambersburg PA
CBHW021154130626
46554CB00005B/1806